너랑 나랑 한국어 2-B

NOSVOS

너랑 나랑 한국어 2-B

2015년 12월 15일 초판 발행
2022년 2월 2일 3쇄 발행

지 은 이 | 유소영·고유리·이연주·유선주·서민정
감 수 | 한정한
펴 낸 이 | 김수복
기 획 | 김남필
제 작 | 성두현
편 집 | 김민배
펴 낸 곳 | NOSVOS
삽 화 | 최지우·신주영
디 자 인 | 지댄피
디자이너 | 방인구
등 록 | 1968. 2. 27 : No. 제03-00095호
주 소 | 경기도 용인시 수지구 죽전로 152번지
전 화 | 031-8005-2404~5
팩 스 | 031-8021-7154

값 16,000원

ISBN 978-89-7092-556-1 03710
978-89-7092-514-1 (세 트)

• 'NOSVOS'는 라틴어 'Nos(우리가)'와 'Vos(당신을)'의 합성어로
지혜로운 삶을 지향하는 분들에게 유익한 도서를 펴내겠다는 의지를 담고 있습니다.

듣기 자료는 단국대학교 출판부 홈페이지(http://cms.dankook.ac.kr/web/dkup)
"커뮤니티→MP3자료실"에서 다운로드 가능합니다.

저자의 말 *

최근 한국어 교육계에서는 어떻게 하면 교육 현장에서 교사와 학습자에게 모두 도움이 되는 교재를 개발할 수 있을까 하는 문제에 대해 많은 연구를 해 오고 있습니다. 이와 같은 흐름에 발맞추어 이번에 단국대학교 국제교육센터에서는 『너랑 나랑 한국어』를 발간하게 되었습니다. 이 책은 한국어 교육 현장의 한국어 교사들과 한국어를 공부하고자 하는 외국인 학습자를 대상으로 한 의사소통 중심 통합 교재입니다.

『너랑 나랑 한국어』는 말하기, 듣기, 읽기, 쓰기의 기능을 한 권에 담은 통합형 교재입니다.

이 책은 한글의 자모 제시 순서를 기존의 교재와 달리 교사가 학습자에게 발음하는 방법을 보여주기 쉬운 순서로 배치하여 제시하였으며, 한국어의 기초적인 어휘와 문법을 익히고 다양한 연습을 통해 자기소개하기, 물건사기 등의 의사소통 과제를 해결하는 능력을 기를 수 있도록 구성하였습니다.

또한, 어휘는 학습자들이 각각의 어휘가 속한 품사와 의미 그룹을 이해할 수 있도록 제시하고, 2권부터는 추상적인 의미가 많아지므로 어휘의 의미는 영어로 제시하였습니다. 문법은 형태 연습과 회화 연습을 함께 제시하여 한국어의 문법 항목들을 적절히 사용할 수 있도록 충분한 연습과 활용을 제공하였습니다. 또한 의사소통 과제를 해결하는 다양한 말하기, 듣기, 읽기, 쓰기 활동을 제공하여 학습자들이 생생한 한국어로 자신의 이야기를 표현할 수 있도록 구성하였습니다.

이 책은 1권에 이어 STUDY(활용)로 구성되어 있습니다. 각 과는 가족 소개하기, 물건 비교하기, 사람 묘사하기, 제안하기 등의 의사소통 과제별로 구성하여 말하기, 듣기, 읽기, 쓰기를 통합적으로 익힐 수 있도록 제시하였습니다.

이 작업은 5명의 필진이 지난 10여 년의 한국어 교육 현장 경험을 바탕으로 학습자가 차근차근 쉽게 이해하고 습득해 갈 수 있는 교재를 만들고자 하는 마음에서 출발하였습니다. 이 책의 편찬 기간은 2012년 5월부터 2015년 8월까지 총 40개월이 소요되었습니다. 집필을 기획하는데 6개월이 걸렸고 교재를 구성하는 틀을 짜는 데에 6개월, 초고 집필에 12개월이 걸렸습니다. 이를 다시 검토하고 수정하는 데에 14개월이 걸렸습니다. 기획과 감수는 국어국문학과의 한정한 교수가 맡아 주셨고, 각 권은 책임 필자를 두어 1권 유소영, 2권 고유리, 3권 유선주, 4권 이연주, 서민정이 책임 집필하였습니다.

끝으로 이 원고가 세상에 빛을 볼 수 있도록 이끌어 주신 단국대학교 장호성 총장님, 김병량 부총장님, 이재동 국제처장님을 비롯한 국제처의 모든 식구들께 감사드립니다. 또한, NOSVOS 편집실 송덕익 팀장님 등 편집진과 예쁜 삽화를 그려준 신주영, 최지우 그리고 지댄피 디자인팀 여러분께도 감사드립니다. 마지막으로 바쁜 시간을 쪼개어 꼼꼼히 읽어 준 국제교육센터 한국어 선생님들과 긴 시간 기꺼이 아내와 엄마와 딸을 허락해 주신 필진의 가족들 모두 사랑합니다.

2015년 초겨울에

유소영, 고유리, 이연주, 유선주, 서민정

교재 사용법

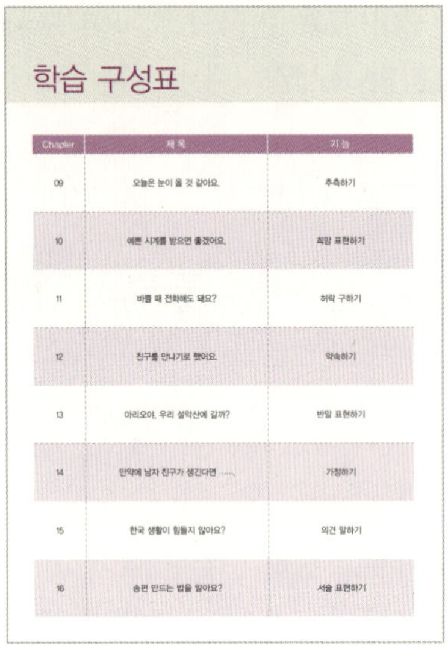

1. 학습 구성표

각 과의 기능과 문법, 어휘와 표현을 하나의 표로 제공하여 학습자들이 이 책에서 배우는 내용을 한 눈에 파악할 수 있도록 배려했습니다.

2. 들어가기

각 과의 학습목표와 어휘, 문법 항목들을 제시하였습니다. 그리고 각 과의 중요한 표현을 대화로 제시하여 어떤 상황에서 사용하는지 실제 사례를 보여 학습 동기를 높였습니다.

3. 어휘와 표현

각 과에 나오는 어휘를 명사, 동사, 형용사, 표현으로 분류하여 제시하였습니다. 「너랑나랑 한국어 1」에서는 그림과 함께 제하하였는데 추상적인 의미가 많아지는 2권에서는 단어의 의미를 영어로 제시하였습니다.

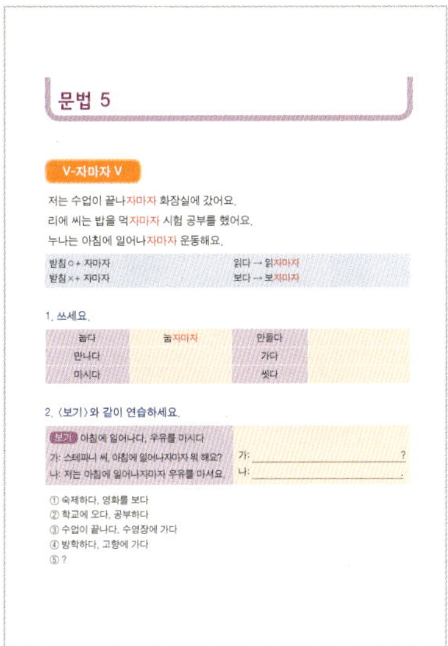
문법 5

V-자마자 V

저는 수업이 끝나자마자 화장실에 갔어요.
리에 씨는 밥을 먹자마자 시험 공부를 했어요.
누나는 아침에 일어나자마자 운동해요.

받침 o + 자마자 / 받침 × + 자마자 — 읽다 → 읽자마자 / 보다 → 보자마자

1. 쓰세요.

놓다	놓자마자	만들다	
만나다		가다	
마시다		씻다	

2. 〈보기〉와 같이 연습하세요.

보기 아침에 일어나다, 우유를 마시다
가: 스테파니 씨, 아침에 일어나자마자 뭐 해요?
나: 저는 아침에 일어나자마자 우유를 마셔요.

① 숙제하다, 영화를 보다
② 학교에 오다, 공부하다
③ 수업이 끝나다, 수영장에 가다
④ 방학하다, 고향에 가다
⑤ ?

4. 문법

각 과에서 배워야 할 문법을 예문을 통해 의미를 제시하고 형태 연습과 회화 연습을 함께 제시하였습니다. 이는 한국어의 문법 항목들이 가지는 의미와 형태의 변화를 연습하게 하고 적절히 사용할 수 있도록 충분한 연습과 활용을 제공하기 위한 것입니다.

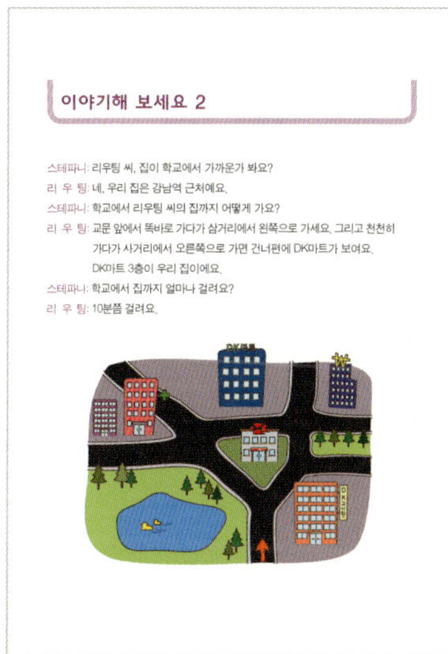
이야기해 보세요 2

스테파니: 리우팅 씨, 집이 학교에서 가까운가 봐요?
리우팅: 네, 우리 집은 강남역 근처예요.
스테파니: 학교에서 리우팅 씨의 집까지 어떻게 가요?
리우팅: 교문 앞에서 똑바로 가다가 삼거리에서 왼쪽으로 가세요. 그리고 천천히 가다가 사거리에서 오른쪽으로 가면 건너편에 DK마트가 보여요. DK마트 3층이 우리 집이에요.
스테파니: 학교에서 집까지 얼마나 걸려요?
리우팅: 10분쯤 걸려요.

5. 말하기

각 과에서 학습한 어휘와 문법 항목들을 활용하여 의사소통 과제를 해결하는 다양한 활동을 제공하였습니다. 이를 통해 학습자들은 좀 더 생생한 한국어 말하기 능력을 키울 수 있을 것입니다.

듣기

1. 잘 듣고 맞으면 ○, 틀리면 × 하세요.
① 리우팅 씨의 가족은 모두 6명이에요. ( )
② 아버지는 아침에 일어나자마자 공원에서 운동하세요. ( )
③ 누나는 집에 오자마자 과일을 먹어요. ( )

2. 빈 칸에 쓰세요.

가족	직업	성격
할아버지		급하시다
할머니		부지런하시다
아버지	의사	
어머니		꼼꼼하고 깔끔하시다

3. 여러분은 아침에 일어나자마자 뭐 해요?

6. 듣기* / 읽기 / 쓰기

듣기와 읽기는 각 과에서 배운 내용을 머릿속에 정리하고 확인하는 역할을 합니다. 쓰기는 말하기, 듣기, 읽기 등의 활동을 통해 습득된 내용을 바탕으로 학습자 자신의 이야기를 문장으로 표현하는 연습을 할 수 있습니다.

* 듣기 자료는 단국대학교 출판부 홈페이지(http://cms.dankook.ac.kr/web/dkup) "커뮤니티→MP3자료실"에서 다운로드 가능합니다.

등장인물

스테파니

리에

애니

최지영

크리스

마리오

리우팅

토린

목 차

학습 구성표

Chapter	제 목	기 능
09	오늘은 눈이 올 것 같아요.	추측하기
10	예쁜 시계를 받으면 좋겠어요.	희망 표현하기
11	바쁠 때 전화해도 돼요?	허락 구하기
12	친구를 만나기로 했어요.	약속하기
13	마리오야, 우리 설악산에 갈까?	반말 표현하기
14	만약에 외계인을 만난다면 …….	가정하기
15	한국 생활이 힘들지 않아요?	의견 말하기
16	송편 만드는 법을 알아요?	서술 표현하기

이 책에서는 어떤 것을 배울까요? 각 과에서 배우는 내용을 하나의 표로 제공하여 한 눈에 파악할 수 있도록 하였습니다.

너랑 나랑 한국어 2-B

문 법	어휘와 표현
V–는 것 같다, A–(으)ㄴ 것 같다, N인 것 같다 / A/V–겠다 / V–(으)ㄴ 뒤에/후에 / A/V–기 때문에, N이기 때문에, N 때문에	날씨, 생활
A/V–(으)면 좋겠다, N(이)면 좋겠다 / A/V–지요?, N(이)지요? / N 개월, N 달 / V–(으)ㄴ 지 N이/가 되다 / V–는 날, A–(으)ㄴ 날, N날 / V–는군요!, A–군요! N(이)군요!	기념일, 생활
A/V–아/어도 되다 / A/V–(으)면 안 되다 / A/V–(으)ㄹ 때 / V–(으)려면	병원, 증상
V–기로 하다 / V–(으)ㄹ게요 / V–나 보다, A–(으)ㄴ가 보다, N인가 보다 / V–다가 V	약속, 일상생활
A/V–기는 하다 / N(이)나 / 반말	일상생활, 여러 가지 물건
V–ㄴ/는다면, A–다면, N(이)라면 / V–겠다 / V–아/어 주다/드리다/주시다 / A–게	선물, 일상생활
N(이)나 / N에 좋다/나쁘다 / A/V–지 않아요? / N이/가 되다	전통 차, 일상생활
V–는지/A–(으)ㄴ지/N인지 알다/모르다 / V–는 법 / V–는 곳 / V–ㄴ/는다, A–다, N이다	명절

일러두기*

STUDY에서는 한국어의 일상적인 어휘와 문법을 익히고 다양한 연습을 통해 가족 소개하기, 물건 비교하기 등의 의사소통 과제를 해결하는 능력을 기를 수 있도록 구성하였습니다. 문법에서 기호 N은 명사, A는 형용사, V는 동사를 가리킵니다.

너랑 나랑 한국어 2-B

STUDY

memo*

09

오늘은 눈이 올 것 같아요.

■ **학습목표** : 추측하기
■ **어 휘** : 날씨, 생활
■ **문 법** : V-는 것 같다, A-(으)ㄴ 것 같다, N인 것 같다 / A/V-겠다 / V-(으)ㄴ 뒤에/후에 / A/V-기 때문에, N이기 때문에, N 때문에

마 리 오: 스테파니 씨, 뭐 보고 있어요?
스테파니: 하늘이 흐려요. 눈이 올 것 같아요.
마 리 오: 눈이 오면 수업이 끝난 뒤에 눈싸움을 할까요?
스테파니: 좋아요.

어휘와 표현

명 사	관심 interest	약속 appointment
	연극 a play	비빔국수 Bibim-guksu, Spicy Noodles
	스케이트 skate	파전 Pajeon, Welsh-onion pancakes
	빗소리 the sound of rain	안색 complexion
	다행 to be relieved	사계절 four seasons
	새싹 sprout	꽃놀이 flower viewing
	피서 summer resort	장마 rainy season
	단풍놀이 maple-viewing	눈썰매 snow sled
	봄 spring	여름 summer
	가을 fall	겨울 winter
	신발 shoes	소리 sound
동 사	달리다 to run	사랑하다 to love
	물들다 be dyed	생각나다 to remember
형용사	위험하다 dangerous	속상하다 upset, disappointed
	뚜렷하다 clear, distinct	
표 현	깜짝 놀라다 to be surprised	싫증이 나다 to be tired
	특히 especially	도시락을 싸다 pack lunch

문법 1

V-는 것 같다, A-(으)ㄴ 것 같다, N인 것 같다

지금 최지영 씨가 자는 것 같아요.

리우팅 씨는 성격이 좋은 것 같아요.

저 분은 선생님인 것 같아요.

V-는 것 같다	
받침○+는 것 같다	먹다 → 먹는 것 같다
받침×+는 것 같다	오다 → 오는 것 같다
받침 ㄹ→×+는 것 같다	알다 → 아는 것 같다

V-(으)ㄴ 것 같다	
받침○+은 것 같다	읽다 → 읽은 것 같다
받침×+ㄴ 것 같다	보다 → 본 것 같다
받침 ㄷ→ㄹ+은 것 같다	묻다 → 물은 것 같다
받침 ㄹ→×+ㄴ 것 같다	만들다 → 만든 것 같다
받침 ㅂ→우+ㄴ 것 같다	눕다 → 누운 것 같다

A-(으)ㄴ 것 같다	
받침○+은 것 같다	많다 → 많은 것 같다
받침×+ㄴ 것 같다	싸다 → 싼 것 같다
받침 ㄹ→×+ㄴ 것 같다	멀다 → 먼 것 같다
받침 ㅂ→우+ㄴ 것 같다	춥다 → 추운 것 같다
있다 + 는 것 같다	맛있다 → 맛있는 것 같다
없다 + 는 것 같다	재미없다 → 재미없는 것 같다

A/V-(으)ㄹ 것 같다	
받침○+을 것 같다	적다 → 적을 것 같다
받침×+ㄹ 것 같다	예쁘다 → 예쁠 것 같다
받침 ㄷ→ㄹ+을 것 같다	듣다 → 들을 것 같다
받침 ㄹ→×+ㄹ 것 같다	살다 → 살 것 같다
받침 ㅂ→우+ㄹ 것 같다	덥다 → 더울 것 같다

N인 것 같다	
받침○+인 것 같다	거짓말 → 거짓말인 것 같다
받침×+인 것 같다	커피 → 커피인 것 같다

N일 것 같다	
받침○+일 것 같다	학생 → 학생일 것 같다
받침×+일 것 같다	친구 → 친구일 것 같다

1. 쓰세요.

보다	본 것 같다	보는 것 같다	볼 것 같다
찍다			
듣다			
바쁘다			
춥다			
파전			
부자			

2. 〈보기〉와 같이 연습하세요.

보기 마리오 씨/자다 가: 지금 마리오 씨가 뭐 하는 것 같아요? 나: 자는 것 같아요.	가: ______________________ ? 나: ______________________ .

① 최지영 씨/도서관에 가다
② 리에 씨/일본 노래를 듣다
③ 어머니/김치찌개를 만들다
④ 동생/여자 친구를 만나다
⑤ ?

3. 〈보기〉와 같이 연습하세요.

보기 내일 날씨/따뜻하다 가: 내일 날씨가 어떨 것 같아요? 나: 따뜻할 것 같아요.	가: ______________________ ? 나: ______________________ .

① 저 가방/비싸다
② 방송국/복잡하다
③ 크리스 씨의 방/깨끗하다
④ 이 떡볶이/맵다
⑤ ?

문법 2

A/V-겠다

아마 그 사람도 오겠네요!

이 옷을 입으면 예쁘겠어요.

어제 일이 많아서 힘들었겠어요.

A/V-겠다	
받침 ○ + 겠다	많다 → 많겠다
받침 × + 겠다	가다 → 가겠다

A/V-았/었겠다	
ㅏ, ㅗ ○ + 았겠다	좋다 → 좋았겠다
ㅏ, ㅗ × + 었겠다	먹다 → 먹었겠다
하다 + 였겠다 → 했겠다	시원하다 → 시원했겠다
ㅣ다 + 었겠다 → ㅕ겠다	시다 → 셨겠다
받침 ㄷ → ㄹ + 었겠다	듣다 → 들었겠다
받침 ㅂ → 우 + 었겠다	춥다 → 추웠겠다

1. 쓰세요.

보다	보겠다	봤겠다
물들다		
바쁘다		
맵다		

2. 〈보기〉와 같이 연습하세요.

보기 아침, 만들다, 김밥/맛있다 가: 이거 아침에 만든 김밥이에요. 나: 우아! 맛있겠어요.	가: ______________________ 나: ______________________.

① 지난 주말, 백화점에서 사다, 옷/비싸다
② 내일, 보다, 영화/슬프다
③ 어제, 하다, 일/힘들다
④ 이번 방학, 읽다, 책/재미있다
⑤ ?

이야기해 보세요 1

애　니: 지금 토린 씨가 뭐 하는 것 같아요?

크리스: 글쎄요, 청소하는 것 같아요.

애　니: 아이고! 힘들겠네요!

크리스: 스테파니 씨는 뭐 하는 것 같아요?

애　니: 글쎄요, 요리하는 것 같아요.

크리스: 우아! 맛있겠네요!

이름	지금 친구들이 뭐 하는 것 같아요?	어떨까요?
토린	청소하는 것 같아요	힘들겠어요
스테파니	요리하는 것 같아요	맛있겠어요

문법 3

V-(으)ㄴ 뒤에 /후에

밥을 먹은 뒤에 공원에 갔어요.

신발을 산 뒤에 영화를 봅시다.

졸업을 한 후에 결혼할 거예요.

받침○+은 뒤에/후에	읽다 → 읽은 뒤에/후에
받침×+ㄴ 뒤에/후에	보다 → 본 뒤에/후에
받침 ㄷ→ㄹ+은 뒤에/후에	듣다 → 들은 뒤에/후에
받침 ㄹ→×+ㄴ 뒤에/후에	만들다 → 만든 뒤에/후에
받침 ㅂ→우+ㄴ 뒤에/후에	줍다 → 주운 뒤에/후에

1. 쓰세요.

찍다	찍은 뒤에/후에	쇼핑하다	
만나다		씻다	
사다		입다	

2. 〈보기〉와 같이 연습하세요.

보기 운동하다/커피를 마시다 가: 운동한 뒤에 뭐 할래요? 나: 운동한 뒤에 커피를 마실래요.	가: ______________________________? 나: ______________________________.

① 제주도에 도착하다/등산하다

② 쇼핑하다/사진을 찍다

③ 수업이 끝나다/숙제를 하다

④ 책을 읽다/자다

⑤ ?

문법 4

A/V-기 때문에 / N이기 때문에

사랑하기 때문에 기다릴 거예요.

비빔국수는 맵기 때문에 못 먹어요.

겨울이기 때문에 날씨가 추워요.

A/V-기 때문에	
받침○+기 때문에	받다 → 받기 때문에
받침×+기 때문에	예쁘다 → 예쁘기 때문에

A/V-았/었기 때문에	
ㅏ, ㅗ○+았기 때문에	좋다 → 좋았기 때문에
ㅏ, ㅗ×+었기 때문에	읽다 → 읽었기 때문에
하다 + 였기 때문에 → 했기 때문에	위험하다 → 위험했기 때문에
ㅣ→ + 었기 때문에 → ㅕ기 때문에	마시다 → 마셨기 때문에
받침 ㄷ→ㄹ+었기 때문에	걷다 → 걸었기 때문에
받침 ㅂ→우+었기 때문에	맵다 → 매웠기 때문에

N이기 때문에	
받침○+이기 때문에	동생 → 동생이기 때문에
받침×+이기 때문에	콘서트 → 콘서트이기 때문에

N이었/였기 때문에	
받침○+이었기 때문에	학생 → 학생이었기 때문에
받침×+였기 때문에	부자 → 부자였기 때문에

1. 쓰세요.

자다	자기 때문에	잤기 때문에
듣다		
많다		
크다		
휴일		
친구		

2. 〈보기〉와 같이 연습하세요.

보기 내일, 등산을 가다/비가 오다 가: 내일 등산을 갈 수 있어요? 나: 비가 오기 때문에 갈 수 없어요.	가: ________________ ? 나: ________________ .

① 내일, 쇼핑하다/돈이 없다
② 오늘 오후, 축구하다/다리가 아프다
③ 이번 주말, 부산에 가다/시험이 있다
④ 지금, 전화를 받다/수업 중이다
⑤ ?

N 때문에

감기 때문에 이틀 동안 학교에 못 왔어요.

신발 때문에 발이 아파요.

친구 때문에 영화를 볼 수 없어요.

1. 쓰세요.

이름	이름 때문에	가격	
딸꾹질		약속	
가방		가위바위보 게임	

2. 〈보기〉와 같이 연습하세요.

보기 머리가 아프다/숙제 가: 왜 머리가 아파요? 나: 숙제 때문에 그래요.	가: ________________ ? 나: ________________ .

① 땀을 흘리다/낙지볶음
② 옷이 더럽다/커피
③ 울다/언니
④ 뛰다/휴대폰
⑤ ?

이야기해 보세요 2

최지영: 크리스 씨, 내일 수업이 끝난 후에 스케이트를 탈까요?

크리스: 미안해요. 다리를 다쳤기 때문에 못 타요.

최지영: 그럼 내일 저녁을 먹은 뒤에 영화를 볼까요?

크리스: 미안해요. 내일 저녁에 약속이 있기 때문에 못 봐요.

최지영: 그럼 오늘 점심을 먹은 뒤에 같이 커피를 마실까요?

크리스: 미안해요. 오늘은 일이 많기 때문에 못 마셔요.

최지영: 아이고! 크리스 씨, 정말 바쁜 것 같아요. 힘들겠어요.

	크리스		
스케이트를 타다	다리를 다쳤어요		
영화를 보다	약속이 있어요		
커피를 마시다	일이 많아요		

본문

크리스: 리우팅 씨, 비가 올 것 같아요.

리우팅: 어! 그래요? 학교에서 농구 연습이 있는데 할 수 있을까요?

크리스: 비가 오기 때문에 농구는 못 할 것 같아요. 오늘은 그냥 파전이랑 막걸리를 먹으러 갈래요?

리우팅: 파전이랑 막걸리요? 우아! 맛있겠네요!

크리스: 네, 아주 맛있어요. 한국 사람들은 비가 오면 파전과 막걸리를 많이 먹어요.

리우팅: 그래요? 왜요?

크리스: 파전을 만드는 소리와 빗소리가 비슷해서 빗소리를 들으면 파전이 생각나기 때문이에요.

리우팅: 하하하, 재미있네요! 크리스 씨, 저도 비슷한 소리를 찾았어요.

크리스: 뭐예요?

리우팅: 빗소리와 치킨 만드는 소리도 비슷한 것 같아요.

크리스: 하하하, 그럼 우리 파전을 먹은 후에 치킨도 먹을까요?

리우팅: 네, 좋아요.

1. 다음 질문에 답하세요.

① 두 사람은 오늘 농구를 해요?

② 두 사람은 오늘 뭐 먹어요? 왜 그것을 먹어요?

③ 한국 사람들은 비가 오는 날에 왜 파전과 막걸리를 먹어요?

2. 여러분 나라에도 비 오는 날 먹는 음식이 있어요?

듣기

1. 잘 듣고 맞으면 ○, 틀리면 × 하세요.

① 마리오 씨는 등산을 좋아해요. ( )

② 마리오 씨와 리에 씨는 등산을 갈 거예요. ( )

③ 마리오 씨는 리에 씨와 이야기하고 나서 기분이 좋아졌어요. ( )

2. 다음 질문에 알맞은 답을 쓰세요.

① 마리오 씨는 처음에 왜 안색이 안 좋았어요?

② 마리오 씨는 비가 오면 뭐 할 거예요?

③ 마리오 씨는 영화를 본 뒤에 뭐 할 거예요?

3. 여러분은 비가 오면 보통 뭐 해요?

읽기

〈한국의 계절과 날씨〉

한국은 봄, 여름, 가을, 겨울 사계절이 뚜렷한 나라예요.
봄은 보통 3월부터 5월까지인데 날씨가 따뜻해요.
나무에 새싹이 나고 꽃이 피어서 아주 예뻐요.
이렇게 날씨가 좋고 아름다워서 주말에는 도시락을 싸서 꽃놀이를 가는 가족들도 많아요.
여름은 보통 6월부터 8월까지인데 날씨가 아주 덥고 비가 많이 와요.
특히 7월에는 매일 비가 오는 장마도 있어요.
장마가 끝나면 바다나 산으로 피서를 가요.
가을은 보통 9월부터 11월까지인데 날씨가 시원하고 산에 단풍이 물들어서 단풍놀이를 가는 사람들이 많아요.
겨울은 보통 12월부터 2월까지인데 날씨가 아주 춥고 눈이 많이 와요.
그래서 스키를 타거나 눈썰매를 타는 사람들이 많아요.

1. 다음 질문에 알맞은 답을 쓰세요.

① 한국의 여름은 날씨가 어때요?
② 한국 사람들은 봄에 꽃이 피면 보통 뭐 해요?
③ 한국 사람들은 겨울에 보통 뭐 해요?

2. 여러분 나라에도 사계절이 있나요? 날씨는 어때요?

쓰기

여러분 나라의 계절과 날씨는 어때요? 사람들은 보통 뭐 해요?

한국 문화 이모저모

호랑이 장가가는 날! 동지(冬至)!

새해의 첫 달을 '정월'이라고 합니다. 정월에 동그란 보름달이 뜨는 날을 '정월대보름'이라고 하는데 오곡밥, 묵은 나물 등을 먹고, 귀밝이술 마시기와 부럼 깨기 등을 합니다. 대보름에 먹는 음식들은 앞으로 1년을 잘 지내기를 바라는 마음과 나쁜 일이 일어나지 않기를 바라는 마음이 담겨 있습니다.

여름이 되면 날씨가 점점 더워지고 체력이 많이 떨어집니다. 이럴 때 한국 사람들은 건강한 여름을 지내기를 바라며 '삼계탕'을 먹습니다. 삼계탕은 특히 '초복, 중복, 말복'에 많이 먹습니다. '초복, 중복, 말복'은 한국의 음력 6월부터 7월 사이에 열흘 간격으로 있는 여름 중 가장 더운 시기입니다.

겨울에 낮이 짧고 밤이 가장 긴 날을 '동지'라고 하는데 양력 12월 22일입니다. 동지에는 팥죽을 먹습니다. 팥으로 죽을 만들고 쌀가루를 작고 동그랗게 새알처럼 만들어 팥죽에 넣습니다. 예전에는 팥죽을 만들어서 집 안 여기저기에 뿌리기도 했는데 나쁜 기운을 쫓기 위한 것이었습니다.

그리고 동지는 춥고 밤이 길어서 호랑이가 짝을 만난다고 해서 '호랑이 장가가는 날'이라고도 하며, 동지가 지나면 낮의 길이가 점점 길어집니다.

memo*

10 예쁜 시계를 받으면 좋겠어요.

■ **학습목표** : 희망 표현하기
■ **어　　휘** : 기념일, 생활
■ **문　　법** : A/V–(으)면 좋겠다, N(이)면 좋겠다 / A/V–지요?, N(이)지요? / N 개월, N 달 / V–(으)ㄴ 지 N이/가 되다 / V–는 날, A–(으)ㄴ 날, N날 / V–는군요!, A–군요!, N(이)군요!

크리스: 내일 리에 씨의 생일이지요?
리　에: 네, 맞아요.
크리스: 무슨 선물을 받고 싶어요?
리　에: 음... 예쁜 시계를 받으면 좋겠어요.

어휘와 표현

명 사

대학원 graduate school
떡국 Tteokguk, rice-cakesoup
선배 older alumnus
어른 adult
핸드백 handbag
냄새 smell
거스름돈 change (the money you get back after buying something)
수표 check
주인 owner
현금 cash
남편 husband
이사 move
장미꽃 rose
전통 tradition
향수 perfume
해산물 marine products
신상품 new product
신용카드 credit card
초콜릿 chocolate

동 사

진학하다 to proceed, to enter school
인사하다 to greet
깎다 to cut down the price
미루다 to delay
지키다 to follow, to keep

형용사

싱겁다 bland
싱싱하다 to be fresh

표 현

세계 여행 world travel
값이 오르다 the price has risen
성년의 날 Coming-of-Age Day
값이 내리다 lower the price

	1	2	3	4	5	…	?
N 송이	한 송이	두 송이	세 송이	네 송이	다섯 송이	…	몇 송이
N 다발	한 다발	두 다발	세 다발	네 다발	다섯 다발	…	몇 다발

문법 1

A/V-(으)면 좋겠다 / N(이)면 좋겠다

약속 시간을 지키면 좋겠어요.

날씨가 추우면 좋겠어요.

그 사람이 제 남자 친구면 좋겠어요.

A/V-(으)면 좋겠다	
받침 ○+으면 좋겠다	많다 → 많으면 좋겠다
받침×+면 좋겠다	오다 → 오면 좋겠다
받침 ㄷ→ㄹ+으면 좋겠다	듣다 → 들으면 좋겠다
받침 ㄹ+면 좋겠다	살다 → 살면 좋겠다
받침 ㅂ→우+면 좋겠다	춥다 → 추우면 좋겠다

N(이)면 좋겠다	
받침 ○+이면 좋겠다	가방 → 가방이면 좋겠다
받침×+면 좋겠다	향수 → 향수면 좋겠다

1. 쓰세요.

봄이 오다	봄이 오면 좋겠다	걷다	
스키를 타다		결혼하다	
창문이 넓다		싸다	
머리가 길다		예쁘다	
바다		선생님	
주말		부자	

문법 2

2. 〈보기〉와 같이 연습하세요.

보기 예쁜 여자 친구와 결혼하다	
가: 리우팅 씨, 졸업하고 나서 뭐 하고 싶어요? 나: 저는 졸업하고 나서 예쁜 여자 친구와 결혼하면 좋겠어요.	가: ______________________? 나: ______________________.

① 한국 회사에 취직하다
② 대학원에 진학하다
③ 세계 여행을 하다
④ 고향에 가서 회사를 만들다
⑤ ?

A/V-지요? / N(이)지요?

지금 밖에 비가 오지요? / 네, 비가 와요.

어제 삼겹살을 먹었지요? / 아니요, 안 먹었어요.

저 분이 스테파니 씨의 남편이지요? / 네, 맞아요.

A/V-지요?	
받침○+지요?	알다 → 알지요?
받침×+지요?	비싸다 → 비싸지요?

A/V-았/었지요?	
ㅏ, ㅗ○+았지요?	깎다 → 깎았지요?
ㅏ, ㅗ×+었지요?	적다 → 적었지요?
하다+였지요?→했지요?	시원하다 → 시원했지요?
ㅣ+었지요?→ㅕ지요?	기다리다 → 기다렸지요?
받침 ㄷ→ㄹ+었지요?	걷다 → 걸었지요?
받침 ㅂ→우+었지요?	춥다 → 추웠지요?

N(이)지요?	
받침ㅇ+이지요?	학생 → 학생이지요?
받침×+지요?	친구 → 친구지요?

N이었/였지요?	
받침ㅇ+이었지요?	갈비탕 → 갈비탕이었지요?
받침×+였지요?	학교 → 학교였지요?

1. 쓰세요.

가다	가지요?	갔지요?
듣다		
바쁘다		
멀다		
싱싱하다		
재미있다		
휴일		
목걸이		

2. 〈보기〉와 같이 연습하세요.

보기 명동에 가다/ㅇ(×) 가: 내일 명동에 가지요? 나: 네. 맞아요. 명동에 가요. (아니요, 명동에 안 가요.)	가: _______________ ? 나: _______________ .

① 다음 달, 결혼하다/ㅇ
② 지금, 음악을 듣다/ㅇ
③ 지난주, 영화를 보다/ ×
④ 어제, 피자를 먹다/ ×
⑤ ?

이야기해 보세요 1

크 리 스: 스테파니 씨, 어떤 남자 친구를 사귀고 싶어요?

스테파니: 음! 저는 착한 사람이면 좋겠어요. 그리고 재미있고 키가 크면 좋겠어요.
크리스 씨도 여자 친구가 없지요?

크 리 스: 네, 아직 없어요.

스테파니: 그럼 어떤 여자 친구를 사귀고 싶어요?

크 리 스: 저는 귀여운 사람이면 좋겠어요. 그리고 똑똑하면 좋겠어요.

친구 이름	어떤 남자/여자 친구를 사귀면 좋겠어요?
스테파니	착하고 재미있고 키가 크면 좋겠어요
크리스	귀엽고 똑똑한 사람이면 좋겠어요

문법 3

N 개월 / N 달

	1	2	3	4	5	6	…	?
N 개월	일 개월	이 개월	삼 개월	사 개월	오 개월	육 개월	…	몇 개월
N 달	한 달	두 달	세 달	네 달	다섯 달	여섯 달	…	몇 달

V-(으)ㄴ 지 N이/가 되다

저는 한국에 온 지 3개월이 되었어요.

저녁을 먹은 지 1시간이 됐어요.

스테파니 씨를 안 지 2년이 되었네요!

받침○+은 지	찍다, 10년 → 찍은 지 10년이 되다
받침×+ㄴ 지	보다, 한 달 → 본 지 한 달이 되다
받침 ㄷ→ㄹ +은 지	듣다, 3년 → 들은 지 3년이 되다
받침 ㄹ→× +ㄴ 지	만들다, 일주일 → 만든 지 일주일이 되다
받침 ㅂ→우 +ㄴ 지	눕다, 5분 → 누운 지 5분이 되다

1. 쓰세요.

만나다, 3년	만난 지 3년이 되다	읽다, 2주일	
살다, 5개월		시작하다, 10분	

2. 〈보기〉와 같이 연습하세요.

보기 한국어를 배우다/5개월 가: 한국어를 배운 지 얼마나 되었어요? 나: 한국어를 배운 지 5개월이 되었어요.	가: ____________________? 나: ____________________.

① 친구를 기다리다/30분
② 여자 친구를 만나다/4년
③ 수영을 배우다/2주
④ 한국에서 살다/7달
⑤ ?

문법 4

V-는 날 / A-(으)ㄴ 날 / N날

한국에서 떡국을 먹는 날을 알아요?

오늘은 수업이 많은 날이에요.

생일날 친구들이 집으로 놀러 왔어요.

V-는 날	
받침ㅇ+는 날	입다 → 입는 날
받침×+는 날	가다 → 가는 날
받침 ㄹ→×+는 날	팔다 → 파는 날

V-(으)ㄴ 날	
받침ㅇ+은 날	찾다 → 찾은 날
받침×+ㄴ 날	보다 → 본 날
받침 ㄷ → ㄹ+은 날	듣다 → 들은 날
받침 ㄹ →×+ㄴ 날	알다 → 안 날
받침 ㅂ → 우+ㄴ 날	줍다 → 주운 날

A-(으)ㄴ 날	
받침ㅇ+은 날	많다 → 많은 날
받침×+ㄴ 날	복잡하다 → 복잡한 날
받침 ㄹ→×+ㄴ 날	길다 → 긴 날
받침 ㅂ→우+ㄴ 날	가볍다 → 가벼운 날
있다→있는 날	멋있다 → 멋있는 날
없다→없는 날	재미없다 → 재미없는 날

N날	
받침ㅇ+ 날	추석 → 추석날
받침×+ 날	어린이 → 어린이날

1. 쓰세요.

사진을 찍다	사진을 찍는 날	사진을 찍은 날
영화를 보다		
김치를 만들다		

바쁘다	바쁜 날	한글	한글날
심심하다		수료식	
춥다		어버이	

2. 〈보기〉와 같이 연습하세요.

보기 오늘/태권도를 배우다

가: 오늘은 뭐 하는 날이에요?

나: 오늘은 태권도를 배우는 날이에요.

가: ______________________________?

나: ______________________________.

① 토요일/제주도에 가다
② 내일/데이트하다
③ 오늘/축구를 하다
④ 모레/쉬다
⑤ ?

3. 〈보기〉와 같이 연습하세요.

보기 오늘/덥다

가: 오늘은 어떤 날이에요?

나: 오늘은 더운 날이에요.

가: ______________________________?

나: ______________________________.

① 오늘/빵이 싸다
② 내일/바쁘다
③ 주말/기분이 좋다
④ 모레/수업이 없다
⑤ ?

4. 〈보기〉와 같이 연습하세요.

보기 5월 5일/어린이

가: 5월 5일은 무슨 날이에요?

나: 5월 5일은 어린이날이에요.

가: ______________________________?

나: ______________________________.

① 1월 1일/설
② 5월 8일/어버이
③ 10월 9일/한글
④ 9월 1일/제 생일
⑤ ?

문법 5

V-는군요! / A-군요! / N(이)군요!

스테파니 씨가 춤을 잘 추는군요!

이 떡볶이가 정말 맵군요!

최지영 씨와 리에 씨가 친구였군요!

V-는군요!	
받침ㅇ+는군요!	먹다 → 먹는군요!
받침×+는군요!	자다 → 자는군요!
받침 ㄹ→ ×+는군요!	만들다 → 만드는군요!

A-군요!	
받침ㅇ+군요!	많다 → 많군요!
받침×+군요!	크다 → 크군요!

A/V-았/었군요!	
ㅏ, ㅗㅇ+았군요!	비싸다 → 비쌌군요!
ㅏ, ㅗ×+었군요!	찍다 → 찍었군요!
하다+ 였군요!→했군요!	편리하다 → 편리했군요!
ㅣ+ 었군요!→ㅕ군요!	그리다 → 그렸군요!
받침 ㄷ→ㄹ+었군요!	걷다 → 걸었군요!
받침 ㅂ→우+었군요!	뜨겁다 → 뜨거웠군요!

N(이)군요!	
받침ㅇ+이군요!	신문 → 신문이군요!
받침×+군요!	가수 → 가수군요!

N이었/였군요!	
받침ㅇ+이었군요!	학생 → 학생이었군요!
받침×+였군요!	친구 → 친구였군요!

1. 쓰세요.

읽다	읽는군요!	읽었군요!
보다		
많다		
비싸다		
책		
쉬는 시간		

2. 〈보기〉와 같이 연습하세요.

보기 크리스 씨/숙제하다

가: 크리스 씨가 지금 숙제하고 있어요.
나: 우아~숙제하는군요!

가: ____________________?
나: ____________________!

① 마리오 씨/케이크를 만들다
② 리우팅 씨/영화를 찍다
③ 리에 씨/춤을 추다
④ 스테파니 씨/막걸리를 마시다
⑤ ?

3. 〈보기〉와 같이 연습하세요.

보기 이 옷은 100만원/비싸다

가: 이 옷은 100만 원이에요.
나: 정말 비싸군요!

가: ____________________?
나: ____________________!

① 이 음식이 김치볶음밥/맛있다
② 여기가 제 고향/아름답다
③ 저 사람이 제 선배/키가 크다
④ 이 사람이 우리 어머니/젊다
⑤ ?

4. 〈보기〉와 같이 연습하세요.

보기 그/파전

가: 스테파니 씨, 그게 뭐예요?
나: 파전이에요.
가: 우아~파전이군요!

가: ____________________?
나: ____________________.
가: ____________________!

① 저/첨성대
② 그/치마
③ 저/지갑
④ 이/번데기
⑤ ?

이야기해 보세요 2

토린: 리에 씨는 쉬는 날 보통 뭐 해요?

리에: 저는 쉬는 날 보통 자전거를 타요.

토린: 우아! 리에 씨, 자전거를 탈 줄 아는군요!

리에: 네. 배운 지 1년이 되었어요.

친구 이름	뭐 해요?	얼마나 되었어요?
리에	자전거를 타다	배운 지 1년

본문

리 에: 마리오 씨, 오늘은 특별한 날인 것 같아요.
장미꽃을 가지고 다니는 사람이 많아요.

마리오: 오늘요? 오늘이 5월 셋째 주 월요일이군요!
오늘은 한국의 성년의 날이에요.

리 에: 성년의 날이 뭐예요?

마리오: 어른이 된 것을 축하하는 날이에요. 일본에도 성년의 날이 있지요?

리 에: 네, 있어요. 일본에서는 1월에 성년의 날이 있어요.

마리오: 그래요? 리에 씨가 올해 몇 살이지요?

리 에: 저는 올해 20살이에요.
그래서 1월에 일본에서 전통 옷을 입고 축하 파티를 했어요.

마리오: 그랬군요! 일본에서는 성년의 날에 특별히 주는 선물이 있나요?

리 에: 보통 아들에게는 지갑을, 딸에게는 핸드백을 선물해요.
이 가방도 성년의 날에 받은 거예요.

마리오: 아~ 한국과 좀 다르군요!
한국에서는 보통 장미 스무 송이와 향수를 선물해요.

리 에: 향수요? 저도 받고 싶어요.

1. 다음 질문에 답하세요.

① 성년의 날은 어떤 날이에요?

② 일본에서는 성년의 날에 무슨 선물을 해요?

③ 한국에서는 성년의 날에 무슨 선물을 해요?

2. 여러분은 성년의 날에 뭐 했어요? 어떤 성년의 날을 보내고 싶어요?

듣기

1. 잘 듣고 맞으면 ○, 틀리면 × 하세요.

① 크리스 씨는 부엌보다 침실이 중요해요. (   )

② 크리스 씨와 최지영 씨는 식당에 가려고 해요. (   )

③ 크리스 씨 집은 버스정류장이 멀어서 불편해요. (   )

2. 다음 질문에 알맞은 답을 쓰세요.

① 크리스 씨의 취미는 뭐예요?

② 최지영 씨는 어떤 집에서 살고 싶어해요?

③ 크리스 씨는 왜 특별한 음식을 준비했어요?

3. 여러분은 어떤 집에서 살고 싶어요?

읽기

안녕하세요. 저는 애니라고 해요.
저는 지금 학교 앞에서 살고 있는데 룸메이트를 찾고 있어요.
제가 살고 있는 집은 방이 2개예요. 그리고 거실이 있고, 화장실도 있고, 부엌도 있어요.
문을 열면 현관이에요. 현관 왼쪽은 작은 방이고, 오른쪽은 화장실이에요. 화장실은 넓고 깨끗해요. 그리고 작은 방 앞에 거실과 큰 방이 있어요. 거실은 창문이 커서 밖을 잘 볼 수 있어요.
저는 쉬는 날에 거실에서 책을 읽으면서 커피를 마셔요. 그리고 큰 방 옆에 부엌이 있어요. 친구들이 요리를 잘해서 맛있는 음식을 많이 먹었어요.
저는 이 집에서 산 지 6개월이 되었어요. 전에는 친구들과 같이 살아서 즐거웠는데 지금은 혼자 살아서 심심해요. 그래서 룸메이트를 찾고 있어요.
제 룸메이트는 착하고 청소를 잘하면 좋겠어요. 그리고 요리를 잘하는 친구면 더 좋겠어요. 학교에서 가까우니까 구경하러 오세요. 오기 전에 전화해 주세요. 감사합니다.

애니 010-8005-2921

1. 위 글을 읽고 맞으면 ○, 틀리면 × 하세요.

① 애니 씨는 혼자 살고 있어요. (　　)
② 애니 씨의 집은 학교에서 멀어요. (　　)

2. 다음 질문에 알맞은 답을 쓰세요.

① 애니 씨는 쉬는 날 뭐 해요?
② 애니 씨는 이 집에서 산 지 얼마나 되었어요?
③ 애니 씨는 어떤 룸메이트와 살고 싶어해요?

3. 여러분은 어떤 룸메이트와 살고 싶어요?

쓰기

여러분은 어떤 집에서 어떤 사람과 살고 싶어요? 여러분이 살고 싶은 집을 그려 보세요.

내가 살고 싶은 집

한국 문화 이모저모

한국의 블랙데이와 삼겹살데이

한국은 매달 14일에 재미있는 날이 있습니다. 명절은 아니지만 많은 사람들이 그날이 되면 즐거워합니다. 2월 14일, 3월 14일, 4월 14일의 이야기를 알아보고 즐겁게 보내기를 바랍니다.

먼저 2월 14일은 밸런타인데이(Valentine's Day)입니다. 밸런타인데이는 여자가 좋아하는 남자에게 초콜릿을 선물하며 마음을 전하는 날입니다. 예전에는 보통 초콜릿을 사서 줬지만 요즘은 예쁜 초콜릿을 직접 만들어서 선물하는 사람들도 많습니다.

3월 14일은 화이트데이(White Day)입니다. 이 날은 남자가 마음에 드는 여자에게 사탕을 주며 마음을 표현하는 날입니다.

4월 14일은 블랙데이(Black Day)입니다. 이 날은 지난 2월 14일에 초콜릿을 받지 못한 남자들과 3월 14일에 사탕을 받지 못한 여자들이 모여서 까만 옷을 입고 자장면을 먹는 날입니다.

이 밖에도 숫자 '3'이 두 번 겹치는 3월 3일은 '삼겹살데이'라고 해서 삼겹살을 먹습니다. 그리고 11월 11일은 숫자가 긴 막대 과자 모양을 닮아 '빼빼로데이'라고 합니다. 이 날은 좋아하는 친구에게 '빼빼로'라는 과자를 선물합니다.

memo*

11

바쁠 때 전화해도 돼요?

■ 학습목표 : 허락 구하기
■ 어　　휘 : 병원, 증상
■ 문　　법 : A/V-아/어도 되다 / A/V-(으)면 안 되다 / A/V-(으)ㄹ 때 / V-(으)려면

리　에: 마리오 씨, 이번 주말에 뭐 해요?
마리오: 인터뷰가 있어서 여의도에 가요.
리　에: 저도 여의도에 가는데, 바쁠 때 전화해도 돼요?
마리오: 네, 괜찮아요.

어휘와 표현

명 사	인터뷰 interview	운동장 playground
	여행지 travel destination	길 road
	쓰레기 garbage	야채 vegetable
	고추장 Gochujang, red pepper paste	네덜란드 Netherlands
	TOPIK(한국어능력시험) Test Of Proficiency In Korean	
	고민 worry, trouble	발리 Bali
	비키니 bikini	양 quantity
	어젯밤 last night	알레르기 allergy
	내과 internal medicine	피부 skin
	소화 digestion	피부과 dermatology
	치과 dental clinic	이 tooth
	이비인후과 ENT, ear-nose-and-throat department[clinic]	
	생강차 Ginger Tea	몸살감기 flu
	고춧가루 chili powder	보드카 vodka
	후추 pepper	와인 wine
	경기 game	식사 meal
동 사	만지다 to touch	버리다 to throw away
	이기다 to win	취하다 drunk
	깨다 wake, sober	
형용사	심하다 harsh	
표 현	급 Level	이후 from now on/in the future
	살이 찌다 gain weight	감기에 걸리다 catch a cold
	힘내다 gather heart, cheer up	화가 나다 be upset
	조금 a little	푹 쉬다 get a good rest
	앗 oh	

문법 1

A/V-아/어도 되다

수업 시간에 사전을 봐도 돼요?

교실에서 노래를 들어도 돼요?

방이 작아도 돼요?

ㅏ, ㅗㅇ+아도 되다	짧다 → 짧아도 되다
ㅏ, ㅗ×+어도 되다	읽다 → 읽어도 되다
하다 + 여도 되다→해도 되다	요리하다 → 요리해도 되다
ㅣ+ 어도 되다→ㅕ도 되다	마시다 → 마셔도 되다
받침 ㄷ→ㄹ+어도 되다	듣다 → 들어도 되다
받침 ㅂ→우+어도 되다	차갑다 → 차가워도 되다

1. 쓰세요.

가다	가도 되다	먹다	
전화하다		운전하다	
크다		뜨겁다	
비싸다		멀다	

2. 〈보기〉와 같이 연습하세요.

보기 수업 시간에 커피를 마시다 가: 수업 시간에 커피를 마셔도 돼요? 나: 네. 마셔도 돼요.	가: ____________________? 나: ____________________.

① 운동장에서 달리다

② 버스에서 자다

③ 여기에 앉다

④ 떡볶이가 맵다

⑤ ?

문법 2

A/V-(으)면 안 되다

여기에서 사진을 찍으면 안 돼요.
수업 시간에 휴대폰을 보면 안 돼요.
매운 음식을 못 먹으니까 매우면 안 돼요.

받침○+으면 안 되다	늦다 → 늦으면 안 되다
받침×+면 안 되다	오다 → 오면 안 되다
받침 ㄷ→ㄹ+으면 안 되다	걷다 → 걸으면 안 되다
받침 ㄹ+면 안 되다	멀다 → 멀면 안 되다
받침 ㅂ→우+면 안 되다	뜨겁다 → 뜨거우면 안 되다

1. 쓰세요.

가다	가면 안 되다	먹다	
만지다		듣다	
춥다		작다	
짜다		재미없다	

2. 〈보기〉와 같이 연습하세요.

보기 교실에서 농구하다 가: 크리스 씨, 교실에서 농구해도 돼요? 나: 아니요, 농구하면 안 돼요.	가: ______________________? 나: ______________________.

① 가방이 작다
② 박물관에서 떠들다
③ 술을 마시고 운전하다
④ 여행지가 멀다
⑤ ?

이야기해 보세요 1

크리스: 리에 씨, 한국은 길에서 밥을 먹어도 돼요?

리 에: 네, 밥을 먹어도 돼요.

크리스: 그럼 길에서 담배를 피워도 돼요?

리 에: 아니요, 길에서 담배를 피우면 안 돼요.

나 라	한 국		
밥을 먹다	○		
담배를 피우다	×		
껌을 씹다	○		
술을 마시다			
떠들다			
쓰레기를 버리다			
자다			

문법 3

A/V-(으)ㄹ 때

저는 무서울 때 친구에게 전화해요.
작년에 제주도에 갔을 때 눈이 많이 내렸어요.
농구 경기에서 이겼을 때 기분이 좋았어요.

A/V-(으)ㄹ 때		A/V-았/었을 때	
받침 ○+을 때	적다 → 적을 때	ㅏ, ㅗ ○+았을 때	많다 → 많았을 때
받침×+ㄹ 때	보다 → 볼 때	ㅏ, ㅗ ×+었을 때	읽다 → 읽었을 때
받침 ㄷ→ㄹ+을 때	걷다 → 걸을 때	하다+였을 때→했을 때	쇼핑하다→쇼핑했을 때
받침 ㄹ→×+ㄹ 때	멀다 → 멀 때	ㅣ+었을 때→ ㅕ었을 때	기다리다→기다렸을 때
받침 ㅂ→우+ㄹ 때	덥다 → 더울 때	받침 ㄷ→ㄹ+었을 때	묻다 → 물었을 때
		받침 ㅂ→우+었을 때	줍다 → 주웠을 때

1. 쓰세요.

가다	갈 때	갔을 때
먹다		
싸다		
힘들다		

2. 〈보기〉와 같이 연습하세요.

보기 눈이 오다/눈사람을 만들다 가: 눈이 올 때 뭐 해요? 나: 저는 눈이 올 때 눈사람을 만들어요.	가: ______________________? 나: ______________________.

① 화가 나다/술을 마시다
② 친구를 기다리다/음악을 듣다
③ 스트레스를 받다/쇼핑하다
④ 기분이 좋다/노래를 부르다
⑤ ?

문법 4

V-(으)려면

짜장면을 먹으려면 젓가락이 있어야 돼요.
고향에 가려면 비행기 표를 사야 해요.
한국에서 살려면 한국어를 배워야 돼요.

받침 ○+으려면	앉다 → 앉으려면
받침 ×+려면	오다 → 오려면
받침 ㄷ→ㄹ+으려면	묻다 → 물으려면
받침 ㄹ+려면	알다 → 알려면
받침 ㅂ→우+려면	돕다 → 도우려면

1. 쓰세요.

보다	보려면	읽다	
보다		걷다	
날다		합격하다	

2. 〈보기〉와 같이 연습하세요.

보기 비빔밥을 만들다/야채와 고추장 가: 비빔밥을 만들려면 뭐가 필요해요? 나: 비빔밥을 만들려면 야채와 고추장이 필요해요.	가: ____________________? 나: ____________________.

① 부산에 가다/기차표
② 칼국수를 먹다/젓가락
③ 대학교에 입학하다/TOPIK 3급
④ 결혼하다/남자 친구
⑤ ?

이야기해 보세요 2

마 리 오: 스테파니 씨, 기분이 좋을 때 뭐 해요?
스테파니: 저는 기분이 좋을 때 춤을 춰요.
마 리 오: 그럼, 스트레스를 받을 때 뭐 해요?
스테파니: 저는 스트레스를 받을 때 잠을 자야 돼요.
마 리 오: 스테파니 씨, 슬플 때 뭐 해요?
스테파니: 슬플 때 울면 더 슬퍼져요. 저는 슬플 때 큰 소리로 웃어요.
마 리 오: 그럼 잠이 안 올 때는 뭐 해요?
스테파니: 잠을 자려면 따뜻한 우유를 마시면 돼요.

	스테파니		
기분이 좋다	춤을 추다		
스트레스를 받다	잠을 자다		
슬프다	큰 소리로 웃다		
잠이 안 오다	우유를 마시다		

본문

최지영: 애니 씨, 안색이 안 좋아 보여요. 무슨 고민이 있어요?

애　니: 요즘 자꾸 살이 쪄서 고민이에요.

최지영: 애니 씨는 아주 귀엽고 예쁜데 왜 그래요?

애　니: 이번 여름에 우리 반 친구들과 발리에 가려고 하는데 비키니를 입으려면 다이어트를 해야 돼요.

최지영: 친구들과 발리에 가는군요!

애　니: 네. 최지영 씨, 무슨 좋은 방법이 없을까요?

최지영: 음... 다이어트를 할 때는 운동을 열심히 하는 것이 좋아요.

애　니: 밥도 조금만 먹어야 되지요?

최지영: 네, 식사는 양보다 시간이 중요해요. 5시 이후에는 안 먹는 것이 좋아요.

애　니: 그렇군요! 그럼 맥주는 마셔도 돼요?

최지영: 앗! 맥주도 마시면 안 돼요. 맥주를 많이 마시면 살이 찔 거예요.

애　니: 그럼 아이스크림이나 커피를 마시는 것은 어때요?

최지영: 커피나 아이스크림도 먹으면 안 돼요.

애　니: 다이어트를 하려면 안 되는 것이 너무 많군요!

최지영: 네. 애니 씨, 힘내세요.

1. 다음 질문에 답하세요.

① 애니 씨는 무슨 고민이 있어요?

② 애니 씨는 왜 다이어트를 하려고 해요?

③ 다이어트를 하려면 무엇을 해도 되고 무엇을 하면 안 돼요?

2. 여러분은 이번 방학에 무엇을 하려고 해요? 그것을 하려면 어떻게 해야 돼요?

듣기

1. 잘 듣고 맞으면 ○, 틀리면 × 하세요.

① 크리스 씨는 새우를 못 먹어서 배가 고파요. ( )

② 크리스 씨는 목이 빨개져서 피부과에 갈 거예요. ( )

③ 감기에 걸렸을 때 이비인후과에 가도 돼요. ( )

2. 다음 병원은 어디가 아플 때 가야 돼요?

① 내과:

② 치과:

③ 피부과:

④ 이비인후과:

3. 여러분은 한국에서 병원에 가 봤어요? 병원에 갔을 때 어땠어요?

읽기

한국에서는 감기에 걸렸을 때 보통 생강차를 마시거나 푹 쉽니다.
피곤할 때 몸살감기에 잘 걸리기 때문입니다.
그런데 한국 사람 중에는 감기에 걸렸을 때 소주에 고춧가루를 넣어서 마시는 사람들도 있습니다.
감기에 걸렸을 때 한국처럼 술을 마시는 문화는 다른 나라에도 있습니다.
러시아에서는 보드카에 후추를 넣어서 마시고 프랑스에서는 따뜻한 와인을 마십니다. 그리고 네덜란드와 일본에서는 따뜻한 술에 계란을 넣어서 마십니다.
여러 나라 사람들이 옛날부터 감기에 걸렸을 때 술에 고춧가루, 후추, 계란 등을 넣어서 마시는 것은 몸이 따뜻해지기 때문입니다.
그렇지만 감기에 걸렸을 때 술을 너무 많이 마시면 안 됩니다. 술을 많이 마시면 취해서 머리가 아플 때도 있고 술이 깰 때 몸이 추워지면서 감기가 더 심해질 수도 있기 때문입니다.
여러분의 나라에서는 감기에 걸렸을 때 사람들이 보통 어떻게 합니까?

1. 다음 질문에 답하세요.

① 한국 사람들은 감기에 걸렸을 때 보통 무엇을 해요?
② 여러 나라 사람들은 감기에 걸렸을 때 술에 무엇을 넣어서 마셔요?
③ 여러 나라 사람들이 감기에 걸렸을 때 왜 술을 마셔요?

2. 여러분은 감기에 걸렸을 때 보통 어떻게 해요?

쓰기

여러분은 감기에 걸렸을 때 어떻게 해요? 써 보세요.

한국 문화 이모저모

길에서 담배를 피우면 안 됩니다.

복잡한 도시에서 이동할 때는 지하철을 자주 이용합니다. 그런데 지하철같이 많은 사람들이 이용하는 공간에서는 지켜야 하는 규칙이 있습니다. 예를 들어 일본은 지하철에서 전화 통화를 하면 안 되고 대만에서는 음식을 먹으면 안 됩니다. 그럼, 한국은 어떤 규칙이 있을까요?

먼저 한국은 지하철에서 전화를 해도 되지만 작은 소리로 짧게 통화해야 합니다. 그리고 음식을 먹어도 되지만 냄새가 심하거나 불쾌감을 주는 음식은 안 됩니다. 담배도 피우면 안 됩니다. 지하철이 아닌 곳에서도 담배를 피우면 안 됩니다. 한국은 '흡연 구역'에서만 담배를 피울 수 있습니다.

그리고 길을 건널 때에도 아무 곳에서나 건너면 안 됩니다. 횡단보도에서만 신호등에 초록색 불이 들어왔을 때 건너야 됩니다. 그리고 오토바이를 탈 때에는 머리를 보호해 주는 헬멧을 반드시 써야 합니다. 마지막으로 도로에서는 차 안에 있는 사람들 모두 안전벨트를 꼭 매야 합니다.

수업 시간에도 지켜야 하는 것이 있습니다. 수업 시간에 모자를 쓰면 안 됩니다. 물이나 음료수를 마셔도 되지만 빵이나 밥을 먹으면 안 됩니다. 그리고 껌을 씹어도 안 됩니다.

memo*

12 친구를 만나기로 했어요.

- 학습목표 : 약속하기
- 어　　휘 : 약속, 일상생활
- 문　　법 : V-기로 하다 / V-(으)ㄹ게요 / V-나 보다, A-(으)ㄴ가 보다, N인가 보다 / V-다가 V

스테파니: 아저씨, 명동으로 빨리 가 주세요.
아 저 씨: 알겠어요. 아주 급한가 봐요.
스테파니: 네, 7시에 친구를 만나기로 했어요.
아 저 씨: 그렇군요!

어휘와 표현

명 사	파마 perm 긍정적 positive/affir mation 휴식 rest 낭만적 romantic 삼거리 three-way intersection 교문 school gate 카를교 Charles Bridge 자신 oneself 일기 diary	독도 Dokdo Island 새해 the New Year 공간 space 동창 alumnus, alumna 사거리 four-way intersection 프라하성 Prague Castle 성비트 대성당 Cathedral seongbiteu 다짐 promise, resolution 뮤지컬 musical
동 사	한잔하다 have a drink 작곡하다 to compose 결석하다 to be absent 도와주다 to help 따다 get	도전하다 to challenge 약속하다 to promise 싸우다 to fight 기대하다 expect
형용사	현명하다 wise 멋지다 wonderful	새롭다 new, fresh
표 현	하루 일과 daily schedule 똑바로 straight 영감이 떠오르다 become inspired 마음이 아프다 heartbreak 땀을 흘리다 sweat 서로 each other	경험을 쌓다 gain experience 영감을 얻다 have inspiration 계획을 세우다 make a plan 거리 공연 Street performance 바로 at once

문법 1

V-기로 하다

이번 주에 친구와 공원에서 사진을 찍기로 했어요.

올해는 담배를 끊기로 했어요.

우리 오늘부터 저녁에 운동하기로 합시다.

받침 ○ +기로 하다	씻다 → 씻기로 하다
받침 × +기로 하다	보다 → 보기로 하다

1. 쓰세요.

커피를 마시다	커피를 마시기로 하다
청소하다	
신문을 읽다	
불고기를 만들다	

2. 〈보기〉와 같이 연습하세요.

보기 저녁/영화를 보다 가: 저녁에 친구와 뭐 하기로 했어요? 나: 영화를 보기로 했어요.	가: ______________________? 나: ______________________.

① 이번 주말/미용실에서 파마하다

② 토요일/홍대에서 한잔하다

③ 방학/독도에 가다

④ 내년/대학원에 입학하다

⑤ ?

문법 2

V-(으)ㄹ게요

오늘은 제가 밥을 살게요.

제가 사진을 찍을게요. 여기 보세요.

저는 김치볶음밥을 만들게요. 리우팅 씨는 미역국을 만드세요.

받침○+을게요	읽다 → 읽을게요
받침×+ㄹ게요	가다 → 갈게요
받침 ㄷ→ㄹ+을게요	묻다 → 물을게요
받침 ㄹ→×+ㄹ게요	만들다 → 만들게요
받침 ㅂ→우+ㄹ게요	줍다 → 주울게요

1. 쓰세요.

기다리다	기다릴게요	먹다	
쓰다		마시다	
공부하다		입다	

2. 〈보기〉와 같이 연습하세요.

보기 운전하다 가: 누가 운전할 거예요? 나: 제가 운전할게요.	가: ________________ ? 나: ________________ .

① 영화표를 예매하다
② 친구에게 연락하다
③ 선생님을 도와주다
④ 고기를 굽다
⑤ ?

이야기해 보세요 1

♥ 나의 새해 계획

1) 긍정적인 사람이 되기로 했어요.
2) 하루 일과가 끝나고 나서 매일 일기를 쓰기로 했어요.
3) 건강해지고 싶어서 술과 담배를 끊기로 했어요.
4) 현명한 사람이 되고 싶어서 책을 많이 읽기로 했어요.
5) 혼자만의 휴식 공간을 만들기로 했어요.
6) '아니요'라고 말할 수 있는 사람이 되기로 했어요.
7) 10년 후를 생각해서 새로운 일에 도전하기로 했어요.
8) 경험을 쌓으려고 여행을 많이 하기로 했어요.
9) 낭만적인 사람이 되려고 기타를 배우기로 했어요.
10) 번지점프를 해 보기로 했어요.

♥ 나의 인생 계획

새해 계획	1) 2) 3) 4) 5)	10년 후 계획	1) 2) 3) 4) 5)
20년 후 계획	1) 2) 3) 4) 5)	30년 후 계획	1) 2) 3) 4) 5)

문법 3

V-나 보다 / A-(으)ㄴ가 보다 / N인가 보다

스테파니 씨가 방학에 여행을 가나 봐요.

밖이 더운가 봐요. 사람들이 땀을 흘려요.

저 분이 일본 사람인가 봐요.

V-나 보다	
받침ㅇ+나 보다	듣다 → 듣나 보다
받침×+나 보다	배우다 → 배우나 보다
받침 ㄹ →× +나 보다	만들다 → 만드나 보다

A-(으)ㄴ가 보다	
받침ㅇ+은가 보다	적다 → 적은가 보다
받침×+ㄴ가 보다	따뜻하다 → 따뜻한가 보다
받침 ㄹ →× +ㄴ가 보다	길다 → 긴가 보다
받침 ㅂ → 우 +ㄴ가 보다	덥다 → 더운가 보다
있다 → 있나 보다	맛있다 → 맛있나 보다
없다 → 없나 보다	재미없다 → 재미없나 보다

A/V-았/었나 보다	
ㅏ, ㅗㅇ+았나 보다	오다 → 왔나 보다
ㅏ, ㅗ×+었나 보다	힘들다 → 힘들었나 보다
하다 + 였나 보다→했나 보다	청소하다 → 청소했나 보다
ㅣ+ 었나 보다→ㅕ었나 보다	이기다 → 이겼나 보다
받침 ㄷ → ㄹ+었나 보다	듣다 → 들었나 보다
받침 ㅂ → 우+었나 보다	눕다 → 누웠나 보다

N(이)ㄴ가 보다	
받침○+인가 보다	병원 → 병원인가 보다
받침×+인가 보다	주스 → 주스인가 보다

N-이었/였나 보다	
받침○+이었나 보다	동창 → 동창이었나 보다
받침×+였나 보다	숙제 → 숙제였나 보다

1. 쓰세요.

오다	오나 보다	왔나 보다
듣다		
싸다		
싫다		
멀다		
예쁘다		
멋있다		
부자		
휴일		

2. 〈보기〉와 같이 연습하세요.

보기 밖에 비가 오다/사람들이 우산을 쓰고 있다

가: 밖에 비가 오나 봐요.
나: 왜요?
가: 사람들이 우산을 쓰고 있어요.

가: ________________.
나: ________________?
가: ________________.

① 세일하다/사람들이 많다
② 아프다/일찍 집에 가다
③ 불고기를 만들다/냄새가 좋다
④ 부끄럽다/얼굴이 빨갛다
⑤ ?

문법 4

V-다가 V

영화를 보다가 잤어요.

책을 읽다가 전화를 받았어요.

숙제하다가 친구를 만나러 나갔어요.

받침○+다가	먹다 → 먹다가
받침×+다가	가다 → 가다가

1. 쓰세요.

배우다	배우다가	걷다	
기다리다		씻다	
수영하다		만들다	

2. 〈보기〉와 같이 연습하세요.

보기 숙제하다/피곤하다, 자다	
가: 마리오 씨, 숙제 다 했어요?	가: ______________________?
나: 아니요, 숙제하다가 피곤해서 잤어요.	나: ______________________.

① 농구하다/비가 오다, 집에 오다

② 쇼핑하다/덥다, 아이스크림을 먹다

③ 편지를 쓰다/보고 싶다, 울다

④ 밥을 먹다/궁금하다, 드라마를 보다

⑤ ?

이야기해 보세요 2

스테파니: 리우팅 씨, 집이 학교에서 가까운가 봐요?

리 우 팅: 네, 우리 집은 강남역 근처예요.

스테파니: 학교에서 리우팅 씨의 집까지 어떻게 가요?

리 우 팅: 교문 앞에서 똑바로 가다가 삼거리에서 왼쪽으로 가세요. 그리고 천천히 가다가 사거리에서 오른쪽으로 가면 건너편에 DK마트가 있어요. DK마트 3층이 우리 집이에요.

스테파니: 학교에서 집까지 얼마나 걸려요?

리 우 팅: 10분쯤 걸려요.

본문

스테파니: 크리스 씨는 음악을 작곡할 때 보통 어디에서 영감을 얻어요?
크 리 스: 저는 시간이 있으면 뮤지컬이나 콘서트에 가요.
공연을 보다가 영감이 떠오르면 바로 음악을 만들어요.
스테파니: 우아! 멋있어요.
크 리 스: 그래서 이번 주말에도 여자 친구하고 같이 공연을 보려고 해요.
스테파니: 크리스 씨의 여자 친구도 공연을 좋아하나 봐요?
크 리 스: 네, 아주 좋아해요. 스테파니 씨는 다음 주부터 방학이지요?
방학에 뭐 할 거예요?
스테파니: 저는 친구와 같이 프라하에 가기로 했어요.
크 리 스: 우아! 정말 좋겠어요. 프라하에서 뭐 할 거예요?
스테파니: 프라하성을 보고 나서 카를교에 가려고 해요.
크 리 스: 카를교에 가면 거리 공연도 꼭 보세요. 아주 낭만적이에요.
스테파니: 크리스 씨도 프라하에 있을 때 거리 공연을 했지요?
크 리 스: 맞아요. 그리고 성비트 대성당하고 프라하의 야경도 꼭 보세요.
아주 아름다워요.
스테파니: 우리도 성비트 대성당과 야경도 보러 가기로 했어요.
크 리 스: 스테파니 씨, 즐거운 여행이 되면 좋겠어요.
스테파니: 고마워요. 제가 프라하에서 예쁜 선물을 사 올게요.
크 리 스: 하하하, 기대할게요.

1. 다음 질문에 답하세요.

① 크리스 씨는 이번 주말에 누구와 무엇을 하기로 했어요?
② 크리스 씨는 음악을 작곡할 때 보통 어디에서 영감을 얻어요?
③ 스테파니 씨는 이번 방학에 누구와 무엇을 하기로 했어요?

2. 여러분은 이번 방학에 뭐 할 거예요? 친구들과 약속이 있어요?

듣기

1. 잘 듣고 맞으면 ○, 틀리면 × 하세요.

① 마리오 씨는 리에 씨에게 화가 났어요. (　　)
② 리에 씨는 다른 남자를 좋아해요. (　　)
③ 마리오 씨는 리에 씨와 약속을 했어요. (　　)

2. 다음 질문에 알맞은 답을 쓰세요.

① 마리오 씨는 리에 씨에게 무슨 약속을 했어요?
② 리에 씨는 마리오 씨에게 무슨 약속을 했어요?
③ 마리오 씨는 리에 씨와 뭘 하고 싶어 해요?

3. 여러분은 사랑하는 사람이 생기면 무슨 약속을 할 거예요?

읽기

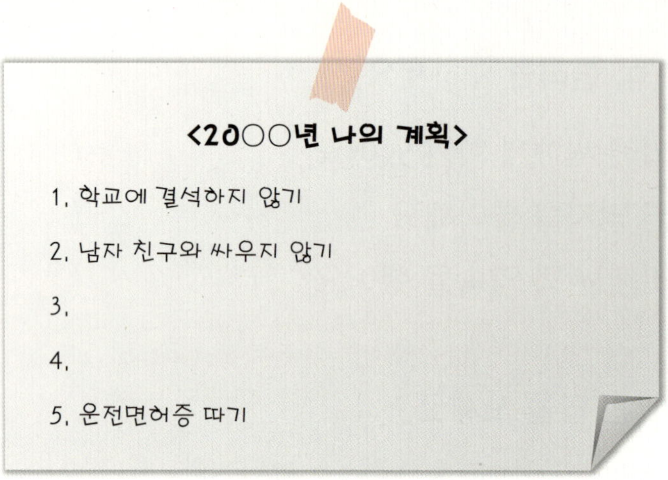

<20○○년 나의 계획>

1. 학교에 결석하지 않기
2. 남자 친구와 싸우지 않기
3.
4.
5. 운전면허증 따기

저는 작년에 여러 가지 계획을 세웠는데 다 지키지 못 했어요. 그래서 올해는 지킬 수 있는 계획을 세우고 지키기로 했어요.

첫 번째는 학교에 결석하지 않기로 했어요. 처음 한국에 왔을 때 한국어를 열심히 공부했지만 지금은 아닌 것 같아요. 그래서 선생님과 약속하고 날마다 학교에 가기로 했어요. 두 번째는 남자 친구와 싸우지 않기로 했어요. 우리는 서로 좋아하지만 매일 싸워서 마음이 아파요. 세 번째는 부모님께 매일 전화하기로 했어요. 저는 바빠서 전화를 못 했는데 부모님께서는 걱정을 하시나 봐요.

그리고 제 자신과 한 약속도 있어요. 저는 건강해지려고 매일 운동하기로 했어요. 그리고 운전면허증을 따기로 했어요. 올해는 이 계획들을 꼭 지켜서 멋진 1년을 보낼게요. 여러분도 저처럼 새해 계획을 세워 보세요.

1. 다음 질문에 답하세요.

① 애니 씨의 첫 번째 계획은 뭐예요?

② 애니 씨는 부모님께 왜 전화를 안 했어요?

③ 애니 씨는 자신과 무엇을 약속했어요?

2. 여러분은 올해 무엇을 할 거예요?

쓰기

여러분의 새해 계획은 뭐예요? 써 보세요.

한국 문화 이모저모

올해 계획은 세계 일주를 하는 거예요!

새해가 되면 많은 사람들은 계획을 세우고 이를 지키기 위해 노력합니다. 하지만 새해에 세운 계획은 일주일을 넘기지 못하고 금방 잊혀집니다. 해마다 세우는 계획을 잘 실천하려면 어떻게 해야 할까요?

먼저 목표를 세웁니다. 목표는 '배낭여행 가기, 자격증 따기'처럼 범위가 넓은 것이 좋습니다. 그리고 목표는 실천이 가능한 것이어야 합니다. 자신이 세운 목표가 실천할 수 있는 것인지 실천할 수 없는 것인지 확인해 봅시다. 목표를 세웠으면 구체적으로 실천 계획을 세워야 합니다. 예를 들어 '일정 세우기, 비용 준비하기, 관련 도서 찾기' 등을 계획하고 준비합니다. 실천 계획을 세운 후에는 날짜를 정합니다. 계획한 날짜를 넘기지 않도록 하고, 날짜가 넘어도 해결할 수 있는 시간을 갖습니다.

목표만 세우면 되는 것이 아닙니다. 실천을 하는 것이 중요합니다. 목표를 포기하지 않고 끝까지 해결하기 위해 건강한 몸도 필요합니다. 매일 스트레칭을 하고 걷습니다. 걷기는 일을 하다가 아무 생각도 안 날 때 하면 좋습니다. 그리고 '닭가슴살, 우유, 콩'과 같은 단백질이 많은 음식을 먹고, 휴대폰을 멀리 해야 합니다.

13

마리오야, 우리 설악산에 갈까?

■ **학습목표** : 반말 표현하기
■ **어　　휘** : 일상생활, 여러 가지 물건
■ **문　　법** : A/V-기는 하다 / N(이)나 / 반말

마리오: 요즘 단풍이 들어서 나무가 참 예쁘지?
리　에: 응. 한국에서 단풍이 유명한 곳은 어디야?
마리오: 설악산도 유명하고, 내장산도 유명해.
리　에: 마리오야, 우리 설악산에 갈까?

어휘와 표현

명 사

강의 lecture
노트북 laptop
고양이 cat
해수욕장 beach resort
일기예보 weather forecast
반찬 side dishes
죽 rice porridge
필통 pencil case
용돈 allowance
기념일 anniversary
공기 air
섬 island
안개 fog
스테이크 steak
한식 Korean food

동 사

이사하다 move to (somewhere)
지나가다 to pass by
튀기다 to fry
얼다 to freeze

형용사

그립다 miss something/someone
얇다 thin
건조하다 to be dry

표 현

응 yes
강을 건너다 to cross the river
요리법 recipe
김치를 담그다 to make kimchi
어머 oh!, oops
습도가 높다 the humidity is high
김밥을 싸다 to wrap a kimbab
따로 separately

	N의	N이/가	N은/는	N을/를	N에게
나	내	내가	나는	나를	나에게
너	네	네가	너는	너를	너에게

문법 1

A/V-기는 하다

그 선수가 키가 크기는 해요. 하지만 농구는 잘 못해요.

책을 읽기는 했어요. 그런데 잘 모르겠어요.

밥을 먹기는 했는데 또 배고파요.

받침 ○+기는 하다	씻다 → 씻기는 하다
받침 ×+기는 하다	만나다 → 만나기는 하다

1. 쓰세요.

예쁘다	예쁘기는 하다	그립다	
좋다		많다	
청소하다		보다	
사용하다		만들다	

2. 〈보기〉와 같이 연습하세요.

보기	
보기 치마가 예쁘다/안 어울리다 가: 치마가 예뻐요? 나: 네, 예쁘기는 해요. 그런데 안 어울려요.	가: ____________________? 나: ____________________.

① 날씨가 좋다/바람이 불다

② 불고기가 맛있다/비싸다

③ 매일 운동하다/많이 먹다

④ 강의를 듣다/잘 모르다

⑤ ?

문법 2

N(이)나

너무 배가 고파서 바나나를 5개나 먹었어요.
저는 명동에 10번이나 가 봤어요.
여자 친구를 30분이나 기다렸어요.

받침ㅇ+이나	2그릇 → 2그릇이나
받침×+나	10개 → 10개나

1. 쓰세요.

3잔, 마시다	3잔이나 마시다	120번, 보다	
4인분, 먹다		15kg, 살이 찌다	

2. 〈보기〉와 같이 연습하세요.

보기 커피를 몇 잔,마시다/3잔	
가: 커피를 몇 잔 마셨어요?	가: ______________________?
나: 3잔이나 마셨어요.	나: ______________________.

① 꽃을 몇 송이, 사다/100송이
② 용돈을 얼마나, 쓰다/150만 원
③ 한국 친구를 몇 명, 사귀다/30명
④ 이 옷을 얼마나, 입다/10년
⑤ ?

이야기해 보세요 1

크 리 스: 스테파니 씨, 그거 뭐예요?

스테파니: 아~이거 노트북이에요.

크 리 스: 아주 얇고 가볍겠어요. 사용한 지 얼마나 됐어요?

스테파니: 노트북을 산 지 5년이 됐어요.

크 리 스: 5년이나 됐어요? 아이고, 정말 오래됐군요!

이름	물건	얼마나 됐어요?	어때요?
스테파니	노트북	5년	얇고 가볍다

문법 3

A/V-아/어 / A/V-(으)ㄹ 거야

이 영화는 정말 재미있어.
아마 내일도 날씨가 추울 거야.
리우팅도 우리 학교 학생이야.

A/V-ㅂ/습니다 A/V-아/어요	A/V-아/어	봅니다 맛있어요 공부해요	봐 맛있어 공부해
N-입니다 N이에요/예요	N이야/야	책상입니다 친구예요	책상이야 친구야
A/V-았/었습니다 A/V-았/었어요	A/V-았/었어	잤습니다 예뻤어요 요리했어요	잤어 예뻤어 요리했어
N이었/였습니다 N이었/였어요	N이었/였어	필통이었습니다 과자였어요	필통이었어 과자였어

V-(으)ㄹ 것입니다 V-(으)ㄹ 거예요	V-(으)ㄹ 거야	읽을 것입니다 여행할 거예요	읽을 거야 여행할 거야
A/V-(으)ㄹ 것입니다 A/V-(으)ㄹ 거예요	A/V-(으)ㄹ 거야	먹을 것입니다 예쁠 거예요	먹을 거야 예쁠 거야
N일 것입니다 N일 거예요	N일 거야	꽃일 것입니다 바나나일 거예요	꽃일 거야 바나나일 거야
A/V-았/었을 것입니다 A/V-았/었을 거예요	A/V-았/었을 거야	많았을 것입니다 멋있었을 거예요 날씬했을 거예요	많았을 거야 멋있었을 거야 날씬했을 거야
N이었/였을 것입니다 N이었/였을 거예요	N이었/였을 거야	음악이었을 것입니다 사과였을 거예요	음악이었을 거야 사과였을 거야

A/V-아/어? / A/V-(으)ㄹ 거야?

밥 먹었어?

주말에 뭐 하니?

동생이 몇 살이냐?

A/V-ㅂ/습니까? A/V-아/어요?	A/V-아/어? A/V-니? A/V-냐?	좋습니까? 먹어요? 숙제해요?	좋아?/좋니?/좋냐? 먹어?/먹니?/먹냐? 숙제해?/숙제하니?/숙제하냐?
N입니까? N이에요/예요?	N이야/야? N이니/니? N이냐/냐?	책입니까? 과자예요?	책이야?/책이니?/책이냐? 과자야?/과자니?/과자냐?
A/V-았/었습니까? A/V-았/었어요?	A/V-았/었어? A/V-았/었니? A/V-았/었냐?	잤습니까? 먹었어요? 깨끗했어요?	잤어?/잤니?/잤냐? 먹었어?/먹었니?/먹었냐? 깨끗했어?/깨끗했니?/깨끗했냐?
N이었/였습니까? N이었/였어요?	N이었/였어? N이었/였니? N이었/였냐?	물이었습니까? 새였어요?	물이었어?/물이었니?/물이었냐? 새였어?/새였니?/새였냐?
V-(으)ㄹ 것입니까? V-(으)ㄹ 거예요?	V-(으)ㄹ 거야? V-(으)ㄹ 거니? V-(으)ㄹ 거냐?	입을 것입니까? 잘 거예요?	입을 거야?/입을 거니?/입을 거냐? 잘 거야?/잘 거니?/잘 거냐?

A/V-(으)ㄹ까요?	A/V-(으)ㄹ까?	좋을까요? 쓸까요?	좋을까? 쓸까?
N일까요?	N일까?	책상일까요? 나무일까요?	책상일까? 나무일까?
A/V-았/었을까요?	A/V-았/었을까?	받았을까요? 예뻤을까요?	받았을까? 예뻤을까?
N이었/였을까요?	N이었/였을까?	동생이었을까요? 친구였을까요?	동생이었을까? 친구였을까?

V-자 / V-(으)ㄹ까? / V-아/어

우리 내일 명동에 가자.

방학이 되면 같이 한국 요리를 배울까?

오늘은 피곤하니까 일찍 자.

V-(으)ㅂ시다	V-자	먹읍시다	먹자
V-지 맙시다	V-지 말자	가지 맙시다	가지 말자

V-(으)ㄹ까요?	V-(으)ㄹ까?	먹을까요?	먹을까?
V-지 말까요?	V-지 말까?	쉬지 말까요?	쉬지 말까?

V-(으)십시오 V-(으)세요	V-아/어(라)	읽으십시오 가세요	읽어(라) 가(라)
V-지 마십시오 V-지 마세요	V-지 마(라)	자지 마십시오 먹지 마세요	자지 마(라) 먹지 마(라)

A-다! / V-ㄴ/는다! / N(이)다!

우아! 하늘이 예쁘다!

우아! 잘 먹는다!

우아! 봄이다!

A-군요! A-네요!	A-다!	예쁘군요! 춥네요!	예쁘다! 춥다!
V-군요! V-네요!	V-ㄴ/는다!	먹는군요! 가네요!	먹는다! 간다!
N(이)군요! N(이)네요!	N(이)다!	겨울이군요! 부자네요!	겨울이다! 부자다!

N아/야

리에야, 밥 먹었니?

지영아, 도서관에 가자.

크리스야, 도착하면 전화해.

N 씨	N아/야	받침○+아 받침×+야	토린 → 토린아 리에 → 리에야

1. 〈보기〉와 같이 연습하세요.

보기 저는 태권도를 배워요. → 나는 태권도를 배워.

① 애니 씨, 숙제를 다 했어요? →

② 제 동생이 귀여워요. →

③ 리에 씨가 어제 가방을 샀어요. →

④ 저는 내년에 이사할 거예요. →

⑤ 지영 씨, 저 옷이 예쁠까요? →

⑥ 내일은 아마 더울 거예요. →

⑦ 토린 씨, 빨리 집에 오세요. →

⑧ 담배를 피우지 마십시오. →

⑨ 이 빵 좀 드세요. →

⑩ 방학에 제주도에 갈까요? →

⑪ 그래요, 같이 갑시다. →

⑫ 날씨가 좋군요! →

⑬ 리에 씨, 오늘 정말 예쁘네요! →

⑭ 마리오 씨, 게임하지 마세요. →

이야기해 보세요 2

스테파니: 리우팅아, 이번 주말에 뭐 할 거야?

리 우 팅: 토린이랑 제주도에 갈 거야.

스테파니: 우아! 나도 가고 싶어.

리 우 팅: 그럼 같이 갈까?

스테파니: 좋아, 같이 가자!

	리우팅		
어제 뭐 했어?	DK백화점에서 쇼핑했어		
오늘 뭐 해?	영화를 봐		
주말에 뭐 할 거야?	토린이랑 제주도에 갈 거야		

본문

스테파니: 언니!
언　　니: 응?
스테파니: 이번 주 일요일이 엄마, 아빠 결혼기념일인데 알고 있지?
언　　니: 앗! 내가 요즘 너무 바빠서 깜빡했어.
스테파니: 그냥 지나가면 엄마가 속상할 거야.
언　　니: 그럴 거야! 그럼 우리 뭘 준비할까?
스테파니: 내가 꽃하고 케이크를 살게. 언니는 선물을 사 와.
그리고 편지는 같이 쓰자!
언　　니: 밥은 어디에서 먹을까?
스테파니: 남산에 있는 N서울타워 어때?
언　　니: 그거 좋은 생각이다. 야경을 보면서 먹으면 정말 좋겠다!
스테파니: 그래, 같이 사진도 찍자!
언　　니: 우아! 재미있겠다! 엄마랑 아빠도 좋아하실 거야.

1. 다음 질문에 답하세요.

① 이번 주 일요일은 무슨 날이에요?
② 두 사람은 무엇을 준비할 거예요?
③ 어디에서 식사할 거예요?

2. 여러분은 부모님의 결혼기념일에 무엇을 할 거예요?

듣기

1. 잘 듣고 맞으면 ○, 틀리면 × 하세요.

① 애니에게 치마가 잘 어울려요. (　　)

② 스테파니는 치마가 마음에 들었지만 비싸서 못 샀어요. (　　)

③ 두 사람은 요즘 자주 쇼핑해요. (　　)

2. 다음 질문에 알맞은 답을 쓰세요.

① 두 사람은 무엇을 샀어요?

② 그 물건은 얼마예요?

③ 그 물건은 무슨 색이에요?

3. 여러분은 친구들과 어디에서 쇼핑해요?

읽기

크리스에게

크리스야, 안녕? 나 스테파니야. 방학 잘 지내고 있니?
나는 오랜만에 호주에 왔어. 호주에서 보고 싶은
가족들과 친구들을 만나서 정말 좋아!
맛있는 호주 음식도 먹고 바다에서 수영도 했어.
그래서 행복하기는 하지만 너와 친구들이 보고 싶어.
김치도 너무 먹고 싶어.
한국에 돌아가면 같이 삼겹살이랑 김치찌개를 먹자!
그리고 친구들이랑 같이 스키 타러 갈까? 호주가
따뜻해서 좋기는 하지만 한국의 눈이 그리워.
그럼 한국에서 만나자. 안녕! 잘 지내.

호주에서 스테파니가

1. 위의 글을 읽고 맞으면 ○, 틀리면 × 하세요.

① 크리스 씨는 지금 호주에 있어요. (　　)

② 스테파니 씨는 삼겹살과 김치찌개를 먹었어요. (　　)

③ 스테파니 씨는 한국에 돌아가서 스키를 타러 갈 거예요. (　　)

2. 여러분은 고향 친구에게 어떤 이야기를 할 거예요?

쓰기

여러분, 한국 생활이 어때요? 고향에 있는 친구에게 편지를 써 보세요.

한국 문화 이모저모

반말은 언제 할 수 있어요?

많은 사람들이 인터넷을 사용하면서 인터넷을 통해 자신을 표현하기도 합니다. 그런데 인터넷에서 자신을 표현할 때 한국 사람들은 고민을 합니다. 글을 읽는 사람들에게 반말을 써야 할지 존댓말을 써야 할지 고민이 되기 때문입니다.

결론부터 말하면 자신이 하고 싶은 말을 일기처럼 쓸 때에는 반말을 쓰고, 읽는 사람들에게 정보를 알려 줄 때에는 존댓말을 쓰는 것이 좋습니다. 여기서 잠깐! 반말과 존댓말의 차이는 무엇일까요?

먼저 '반말'은 아주 친한 사람에게 사용하는 말로 주로 친구나 동생에게 사용합니다. 예를 들어 '이 책 재미있어?', '기다려.', '아주 재미있는 걸!'과 같은 표현을 사용하는 말입니다. '존댓말'은 사람이나 물건을 높여서 부르는 말입니다. 존댓말에는 여러 가지 방법이 있는데 '-께서', '-(으)시-', '-님' 등을 사용하여 '아버님', '선생님'처럼 직접 높이는 '직접 높임말', 높이는 대상과 관계있는 인물이나 소유물을 '진지', '아드님', '따님'과 같이 높이는 '간접 높임말', '뵙다', '여쭙다', '드리다'처럼 행위가 미치는 대상을 높이는 '객체 높임말'이 있습니다.

memo*

14

만약에 외계인을 만난다면 …….

■ **학습목표 :** 가정하기
■ **어　　휘 :** 선물, 일상생활
■ **문　　법 :** V-ㄴ/는다면, A-다면, N(이)라면 / V-겠다 / V-아/어 주다/드리다/주시다 / A-게

크 리 스: 스테파니야, 만약에 외계인을 만난다면 뭘 하고 싶어?
스테파니: 외계인이랑 같이 한국 여행을 하겠어.
너는 외계인을 만난다면 제일 먼저 뭘 할 거야?
크 리 스: 나는 우주선을 타고 달에 갈 거야!

어휘와 표현

명 사	만약 if, in case (of) 투명 인간 invisible man 생신 birthday 등산복 mountain-climbing clothes 지진 earthquake 낮잠 nap 폭풍 storm 무인도 uninhabited island 모닥불 bonfire 요청 request 백두산 Baekdu Mountain 노인 old person 당신 you 반장 class president 연예인 entertainer	커플 couple 짐 luggage 돌 stone 지구 Earth 쓰레기장 dumping ground 불꽃놀이 fireworks 구명보트 lifeboat 물고기 fish 구조 rescue 일상 everyday life, routine 공짜 free 이유 reason 아이 child 도움 help
동 사	뽑다 to elect 아끼다 to save 빠지다 to fall 낯설다 unfamiliar 잡다 hold 옮기다 take	손잡다 hold hands 난파되다 be wrecked 구하다 to rescue 알리다 inform 뛰다 jump
형용사	어리다 young	
표 현	반장을 뽑다 elect class president 세계 일주 trip around the world 항상 always SOS 구조 요청 send an SOS 아껴 쓰다 conserve	손을 들다 raise one's hand 무사히 safely 다행히 fortunately 불을 피우다 make a fire

문법 1

V-ㄴ/는다면, A-다면, N(이)라면

만약에 제가 여자라면 매일 치마를 입을 거예요.

만약에 우리 가족이 제주도에 산다면 매일 수영할 거예요.

제가 키가 컸다면 모델이 되었을 거예요.

V-ㄴ/는다면		A-다면	
받침ㅇ+는다면	먹다 → 먹는다면	받침ㅇ+ 다면	많다 → 많다면
받침×+ㄴ다면	쓰다 → 쓴다면	받침×+ 다면	비싸다 → 비싸다면
받침 ㄹ→×+ㄴ다면	알다 → 안다면		

A/V-았/었다면	
ㅏ, ㅗㅇ+았다면	좋다→좋았다면
ㅏ, ㅗ×+었다면	먹다→먹었다면
하다+였다면→했다면	불편하다→불편했다면
ㅣ+었다면→ㅕㅆ다면	마시다→마셨다면
받침 ㅂ→우+었다면	춥다→추웠다면

N(이)라면	
받침ㅇ+이라면	선생님 → 선생님이라면
받침×+라면	남자 → 남자라면

N이었/였다면	
받침ㅇ+이었다면	대통령 → 대통령이었다면
받침×+였다면	나무 → 나무였다면

1. 쓰세요.

연예인을 만나다	연예인을 만난다면	연예인을 만났다면
백두산에 가다		
돈이 많다		
키가 크다		
가수		
선생님		

2. 〈보기〉와 같이 연습하세요.

보기 달에 가다/뛰어 보다 가: 만약에 달에 간다면 뭐 하고 싶어요? 나: 달에 간다면 뛰어 보고 싶어요.	가: ______________________? 나: ______________________.

① 비행기를 사다/세계 여행을 하다
② 외계인을 만나다/같이 사진을 찍다
③ 투명 인간이 되다/공짜로 비행기를 타다
④ 키가 크다/모델이 되다
⑤ ?

문법 2

V-겠다

내년에는 꼭 몽골에 가겠어요.

저녁마다 책을 읽겠어요.

오늘부터 담배를 끊겠어요.

받침○+겠다	입다 → 입겠다
받침×+겠다	자다 → 자겠다

1. 쓰세요.

매일 책을 읽다	매일 책을 읽겠다
일찍 일어나다	
일기를 쓰다	
김치를 만들다	

2. 〈보기〉와 같이 연습하세요.

보기 운동하다/살이 찐 것 같다 가: 오늘부터 운동하겠어요! 나: 왜요? 가: 요즘 살이 찐 것 같아서 그래요.	가: ____________________! 나: ____________________? 가: ____________________.

① 공부하다/내일 시험이다

② 한국말만 하다/한국어를 잘하고 싶다

③ 요리를 배우다/요리를 잘 못하다

④ 용돈을 아껴 쓰다/장학금을 못 받다

⑤ ?

이야기해 보세요 1

최 지 영: 만약에 외계인이 된다면 뭐 하고 싶어요?
스테파니: 제가 외계인이 된다면 다른 별에 가 보고 싶어요.
최 지 영: 만약에 남자가 된다면 뭐 하고 싶어요?
스테파니: 제가 남자가 된다면 야구 선수가 되고 싶어요.

	스테파니		
외계인이 되다	다른 별에 가다		
남자/여자가 되다	야구 선수가 되다		

문법 3

V-아/어 주다/드리다/주시다

부모님께 불고기를 만들어 드리고 싶어요.

친구가 저 대신에 숙제를 해 줬어요.

아주머니께서 저를 도와 주셨어요.

ㅏ, ㅗ ㅇ+아 주다/드리다/주시다	사다 → 사 주다/드리다/주시다
ㅏ, ㅗ ×+어 주다/드리다/주시다	넣다 → 넣어 주다/드리다/주시다
하다 + 여→해 주다/드리다/주시다	청소하다 → 청소해 주다/드리다/주시다
ㅣ + 어→ㅕ 주다/드리다/주시다	기다리다 → 기다려 주다/드리다/주시다
받침 ㄷ→ㄹ+어 주다/드리다/주시다	듣다 → 들어 주다/드리다/주시다
받침 ㅂ→우+어 주다/드리다/주시다	줍다 → 주워 주다/드리다/주시다

1. 쓰세요.

읽다	읽어 주다	읽어 드리다	읽어 주시다
가르치다			
요리하다			
잡다			

2. 〈보기〉와 같이 연습하세요.

보기 가방을 들다 가: 제가 도와 드릴까요? 나: 고마워요. 가방 좀 들어 주세요.	가: ____________________? 나: ____________________.

① 이 옷을 바꾸다
② 짐을 옮기다
③ 휴대폰을 찾다
④ 중국어를 가르치다
⑤ ?

문법 4

A-게

저는 휴대폰을 싸게 샀어요.
마리오 씨가 옷을 춥게 입었습니다.
리에 씨가 즐겁게 이야기하고 있어요.

받침○+게	길다 → 길게
받침×+게	예쁘다 → 예쁘게

1. 쓰세요.

비싸다	비싸게	작다	
크다		맵다	
힘들다		따뜻하다	

2. 〈보기〉와 같이 연습하세요.

보기 애니/귀엽다, 웃다 가: 애니 씨가 지금 뭐 해요? 나: 지금 귀엽게 웃고 있어요.	가: ____________________? 나: ____________________.

① 스테파니 씨/예쁘다, 화장하다
② 리우팅 씨/슬프다, 울다
③ 리에 씨/재미있다, 영화를 보다
④ 토린 씨/맛있다, 떡볶이를 먹다
⑤ ?

이야기해 보세요 2

애 니: 스테파니 씨, 친구의 생일에 무엇을 사 주고 싶어요?

스테파니: 친구의 생일에 목걸이를 사 주고 싶어요.

애 니: 친구들은 스테파니 씨의 생일에 무슨 선물을 사 줬어요?

스테파니: 모자와 장갑을 사 줬어요.

애 니: 그럼 부모님의 생신에 무엇을 사 드리고 싶어요?

스테파니: 부모님께 커플 등산복을 사 드리고 싶어요.

	스테파니		
친구의 생일	목걸이를 사 주다		
나의 생일	모자와 장갑		
부모님의 생신	커플 등산복		

본문

선생님: 여러분, 오늘은 반장을 뽑을 거예요.

리　에: 선생님, 반장은 어떤 일을 하나요?

선생님: 반장은 여러 친구들과 선생님을 친절하게 도와주는 사람이에요.
하고 싶은 친구는 손을 들어 주세요.

마리오: 저요!

크리스: 저도요!

리　에: 저도 하고 싶어요.

선생님: 3명이나 있군요! 반장을 하고 싶은 친구들은 앞으로 나오세요.
만약에 반장이 된다면 어떻게 할 거예요? 이야기해 보세요.

크리스: 안녕하세요. 저는 크리스라고 합니다.
만약에 제가 반장이 된다면 일주일에 한 번 맛있는 커피를 사 드리겠습니다.
저를 반장으로 뽑아 주세요.

리　에: 안녕하세요. 저는 리에예요. 만약에 제가 반장이 된다면 쉬는 시간마다 깨끗하게 청소를 하겠습니다. 감사합니다.

마리오: 만나서 반갑습니다. 저는 마리오입니다. 만약에 제가 반장이 된다면 한 달에 한 번 우리 반 친구들과 맛있는 밥도 먹고 운동도 하겠습니다. 여러분, 제가 제일 재미있는 반장이 될 거예요. 저를 뽑아 주세요!!

선생님: 여러분, 잘 들었어요? 가장 마음에 드는 친구의 이름을 써 주세요.

1. 다음 질문에 답하세요.

① 우리 반에서 반장이 되고 싶어 하는 사람은 누구예요?

② 반장은 어떤 사람이에요?

③ 반장이 되고 싶은 사람들은 친구들에게 무엇을 해 주기로 했어요?

2. 만약에 여러분이 우리 반의 반장이 된다면 친구들에게 무슨 일을 해 줄 거예요?

듣기

1. 잘 듣고 맞으면 ○, 틀리면 × 하세요.

① 요즘 날씨가 정말 좋아요. ( )

② 마리오 씨는 쓰레기를 안 버릴 거예요. ( )

③ 스테파니 씨는 물을 아껴 쓸 거예요. ( )

2. 다음 질문에 답하세요.

① 여름과 겨울에 날씨가 어때요?

② 두 사람은 앞으로 무엇을 할 거예요?

3. 지구를 안 아프게 하려면 우리는 어떻게 해야 할까요?

읽기

저는 항상 일이 많아서 바쁘게 지냈는데 오랜만에 휴가를 얻었습니다. 그래서 저는 사랑하는 친구들과 배를 타고 세계 일주 여행을 떠났습니다.

배에서는 바쁜 일상을 모두 잊어버리고 배 위에서 하늘 위를 지나가는 구름과 이야기하고, 낮잠도 많이 잤습니다. 매일 밤 불꽃놀이와 와인 파티도 하면서 즐겁게 지내고 있었습니다.

그런데 어느 날, 폭풍을 만나서 제가 탄 배가 난파되었습니다. 많은 사람들이 바다에 빠져서 죽었습니다. 다행히 저는 사람들의 도움을 받아서 어렵게 구명보트를 타고 낯선 무인도에 도착했습니다.

무인도에서 우리는 물고기와 조개를 먹고 살았습니다. 밤에는 모닥불을 피워서 따뜻하게 지낼 수 있었습니다. 무서웠지만 사람들이 서로 도와주면서 지냈습니다. 무인도에서 바닷가에 하얀 돌을 모아서 SOS 구조 요청을 했습니다.

열흘쯤 지난 어느 날 지나가는 비행기가 그것을 보고 우리를 구해 줬습니다. 그래서 저는 지금도 그 때 일이 생각나서 배를 타는 것이 너무 무섭습니다.

만약에 당신에게 이런 일이 생긴다면 어떻게 하겠습니까?

1. 만약에 구명보트에 한 사람밖에 탈 수 없다면 당신은 누가 타야 한다고 생각합니까? 그 이유는 무엇입니까?

① 어린 아이　　② 노인

③ 당신　　④ 기타

이유: ______________________________

2. 만약에 구명보트가 3대 있다면 당신은 어느 보트에 타겠습니까?
그 이유는 무엇입니까?

① 남자가 탄 보트　　② 여자가 탄 보트

③ 기타

이유: ______________________________

3. 만약에 당신이 탄 보트가 무사히 무인도에 도착했다면 함께 도착한 사람들에게 첫 번째로 하고 싶은 말은 무엇입니까?

① 할 말: ______________________________

② 이유: ______________________________

쓰기

만약에 여러분이 무인도에서 혼자 산다면 무엇을 할 거예요?

한국 문화 이모저모

물을 아낄 수 있는 방법

지구의 여러 나라에서는 물이 부족하여 많은 어려움을 겪고 있습니다. 기름이 많이 나는 나라는 기름을 팔아서 물을 살 정도이고, 아프리카에서는 마실 수 있는 깨끗한 물이 없어서 고민이라고 합니다. 이렇듯 물이 부족한 '물 부족 국가'가 점점 늘어나고 있습니다. '물 부족 국가'가 되지 않으려면 어떻게 해야 할까요? 실생활에서 할 수 있는 것들을 알아보고 꼭 실천해 봅시다.

먼저 양치질을 할 때 컵에 물을 받아 놓고 씁니다. 양치질을 할 때 물을 틀어 놓으면 물이 낭비되기 때문입니다. 두 번째로 변기에 있는 물통에 벽돌이나 물을 넣은 페트병을 넣어 놓으면 훨씬 더 적은 물을 사용할 수 있습니다. 그리고 샤워 시간을 단축해야 합니다. 샤워를 할 때 물을 틀어 놓고 사용하기 때문에 많은 물이 낭비되기 때문입니다. 그리고 가장 중요한 것은 물을 사용하고 나서 항상 수도꼭지를 꼭 잠가야 한다는 것입니다. 그리고 빨래를 할 때 세탁물을 모아서 한꺼번에 하고, 주방에서 기름을 사용하면 휴지를 이용하여 닦은 뒤에 물로 씻는 것이 좋습니다.

memo*

15 한국 생활이 힘들지 않아요?

■ **학습목표** : 의견 말하기
■ **어 휘** : 전통 차, 일상생활
■ **문 법** : N(이)나 / N에 좋다/나쁘다 / A/V-지 않아요? / N이/가 되다

최지영: 크리스 씨, 한국 생활이 힘들지 않아요?
크리스: 네, 대학생이 되니까 많이 바쁘고 피곤해요.
최지영: 피곤할 때는 바나나를 좀 먹어 보세요.
크리스: 아! 그래요? 바나나는 언제나 쉽게 먹을 수 있겠네요!

어휘와 표현

명 사	요가 yoga 비타민 vitamin 목감기 sore throat 두통 headache 복습 review 대추 Date(fruit) 기침 cough 전동차 traditional tea 민들레차 dandelion 장소/데 place	유자차 citrus tea 멸치 anchovy 모과차 chinese quince tea 예습 preview 모임 gathering 배숙 boiled pear preserved in honey 열 fever 우엉차 burdock tea 국화차 chrysantheum tea
동 사	필기하다 to take notes 노력하다 to put an effort	찌다 to steam 녹다 thaw
형용사	외롭다 to feel lonely 조심하다 to be careful	우울하다 to be depressed
표 현	기침이 나다 have a cough	

	1	2	3	4	5	…	?
N 대	한 대	두 대	세 대	네 대	다섯 대	…	몇 대

문법 1

N(이)나

이 음식은 맵지 않아서 누구나 먹을 수 있어요.

저는 휴대폰으로 가족을 언제나 볼 수 있어요.

이 노트북은 가벼워서 어디나 가져갈 수 있어요.

받침 ○+이나	무엇 → 무엇이나
받침 ×+나	언제 → 언제나

1. 쓰세요.

어디	어디나	어디에서	
아무 데		아무 데서	
누구		누구에게	
아무		아무에게	
무엇		언제	

2. 〈보기〉와 같이 연습하세요.

보기 삼계탕은 누가 먹다 가: 삼계탕은 누가 먹을 수 있어요? 나: 누구나 먹을 수 있어요.	가: ______________________ ? 나: ______________________ .

① 콘서트에 언제 가다

② 쇼핑은 어디에서 하다

③ 이 신문은 누가 읽다

④ 어디에서 사진을 찍다

⑤ ?

문법 2

N에 좋다/나쁘다

요가는 다이어트에 좋아요.
생강차가 감기에 좋아요.
담배는 건강에 나빠요.

받침○+에 좋다/나쁘다	몸 → 몸에 좋다/나쁘다
받침×+에 좋다/나쁘다	머리 → 머리에 좋다/나쁘다

1. 쓰세요.

목	목에 좋다/나쁘다	두통	
허리		공부	
눈		피부	

2. 〈보기〉와 같이 연습하세요.

보기 감기/유자차 가: 감기에 뭐가 좋아요? 나: 유자차가 감기에 좋아요.	가: ____________________? 나: ____________________.

① 건강/비타민
② 뼈/우유와 멸치
③ 목감기/모과차
④ 무릎/수영
⑤ ?

이야기해 보세요 1

최 지 영: 스테파니 씨, 감기에 뭐가 좋아요?

스테파니: 감기에 생강차가 좋아요.

최 지 영: 생강차는 누구나 먹어도 돼요?

스테파니: 그럼요, 누구나 먹어도 돼요.

최 지 영: 그럼 두통에는 뭐가 좋아요?

스테파니: 두통에는 산책이 좋아요.

최 지 영: 아무 데서나 산책해도 돼요?

스테파니: 음, 아무 데서나 산책하면 위험해요. 공원에서 산책하세요.

최 지 영: 다이어트에 뭐가 좋아요?

스테파니: 다이어트에는 저녁을 조금 먹는 것이 좋아요.

	스테파니		
감기	생강차를 마셔요		
두통	산책을 해요		
다이어트	저녁을 조금 먹어요		

문법 3

A/V-지 않아요?

이 영화가 재미있지 않아요?

스테파니 씨, 배고프지 않아요?

마리오 씨가 늦게 오지 않았어요?

받침○+지 않아요?	덥다 → 덥지 않아요?
받침×+지 않아요?	내리다 → 내리지 않아요?

1. 쓰세요.

가다	가지 않아요?	가지 않았어요?
만나다		
많다		
만들다		
피곤하다		

2. 〈보기〉와 같이 연습하세요.

보기 날씨가 정말 춥다/○(×) 가: 날씨가 춥지 않아요? 나: 네, 정말 추워요.(아니요, 춥지 않아요.)	가: ______________________? 나: ______________________.

① 이 주스가 진짜 맛있다/○

② 한국이 좀 복잡하다/×

③ 원피스가 정말 예쁘다/○

④ 혼자 있으면 외롭다/○

⑤ ?

문법 4

N이/가 되다

저는 올해 대학생이 되었어요.

얼음이 녹아서 물이 되었어요.

열심히 일해서 부자가 될 거예요.

받침○+이 되다	여름 → 여름이 되다
받침×+가 되다	배우 → 배우가 되다

1. 쓰세요.

가을	가을이 되다	주말	
친구		방학	
어른		요리사	

2. 〈보기〉와 같이 연습하세요.

보기	
보기 기분이 좋다/방학 가: 스테파니 씨, 기분이 좋아 보여요. 나: 방학이 돼서 그래요.	가: ______________________. 나: ______________________.

① 즐겁다/주말
② 우울하다/겨울
③ 행복하다/엄마
④ 슬프다/시험 기간
⑤ ?

이야기해 보세요 2

최 지 영: 스테파니 씨, 새해가 되면 뭐 하고 싶어요?

스테파니: 저는 새해가 되면 등산하고 싶어요.

최 지 영: 등산은 힘들지 않아요?

스테파니: 아니요, 힘들지 않아요. 재미있어요.

최 지 영: 부자가 된다면 뭐 하고 싶어요?

스테파니: 부자가 된다면 배를 사고 싶어요.

최 지 영: 배는 비싸지 않아요?

스테파니: 네, 비싸요. 그렇지만 부자니까 괜찮아요.

	스테파니		
새해가 되면	등산을 하다		
부자가 된다면	배를 사다		
여자/남자가 된다면			
봄/여름/가을/겨울이 되면			

본문

크리스: 리에 씨, 오랜만이에요. 대학생이 되니까 어때요?

리 에: 요즘 많이 힘들어요. 도와주세요.

크리스: 그래요? 뭐가 힘들어요? 제가 도와줄게요.

리 에: 대학교 수업은 모르는 말이 너무 많아서 듣기가 어려워요. 그리고 교수님 말씀이 너무 빨라서 필기하기도 어려워요. 크리스 씨는 어렵지 않았어요?

크리스: 리에 씨, 처음에는 누구나 어렵고 힘들어요.

리 에: 크리스 씨도 힘들었군요! 크리스 씨는 그럴 때 어떻게 했어요?

크리스: 저는 예습을 했어요. 예습이 대학 공부에 정말 좋아요.

리 에: 예습요? 예습이 뭐예요?

크리스: 수업하기 전에 먼저 공부하는 거예요. 먼저 공부하고 나서 수업을 들으면 듣기가 조금 쉬워질 거예요.

리 에: 그래요? 예습만 하면 돼요?

크리스: 그리고 복습도 대학 공부에 좋아요. 저는 수업을 들은 후에 친구들과 같이 복습했어요. 친구도 만나고 공부도 할 수 있으니까 정말 좋아요.

리 에: 예습과 복습이 중요하군요! 저도 크리스 씨처럼 열심히 공부해서 좋은 학생이 되겠어요.

크리스: 힘내세요. 리에 씨.

1. 다음 질문에 답하세요.

① 요즘 리에 씨는 어때요?

② 대학교 수업에서 어려운 것이 뭐예요?

③ 크리스 씨는 처음 대학생이 되고 나서 어떻게 공부했어요?

2. 여러분은 어떻게 공부하고 있어요?

듣기

1. 잘 듣고 맞으면 ○, 틀리면 × 하세요.

① 오늘은 외국인 유학생 모임이 있어요. ( )

② 스테파니 씨와 리우팅 씨는 숙제를 못 했어요. ( )

③ 스테파니 씨는 학교 선배를 좋아해요. ( )

2. 다음 질문에 알맞은 답을 쓰세요.

① 스테파니 씨는 어디에서 편지를 받았어요?

② 스테파니 씨의 고민은 뭐예요?

3. 요즘 여러분의 가장 큰 고민은 뭐예요?

읽기

여러분, 안녕하세요. 저는 크리스예요.
오늘은 한국 사람들이 자주 마시는 차를 소개하겠습니다. 한국에서는 일을 할 때나 쉴 때 커피를 자주 마십니다. 아메리카노, 카페라떼, 카푸치노 등 메뉴가 다양합니다. 그리고 한국 사람들은 한국의 전통차도 자주 마십니다.
한국 사람들이 좋아하는 전통차는 유자차입니다. 인기가 제일 많습니다. 달고 맛있어서 누구나 쉽게 마실 수 있습니다. 유자차에는 비타민C가 많아서 감기와 스트레스에 좋습니다. 한국 사람들은 모과차도 자주 마십니다. 모과차는 목이 아플 때 마십니다. 그리고 요즘에는 우엉차도 자주 마십니다. 우엉차는 다이어트에 좋기 때문입니다.
저는 민들레차와 국화차도 가끔 마십니다. 향기가 아주 좋습니다. 민들레차를 마시면 소화가 잘 됩니다. 그리고 국화차는 눈과 머리에 좋습니다.
여러분도 한국의 전통차를 한번 마셔 보세요. 저처럼 한국의 전통차도 좋아하게 될 거예요.

1. 위의 글을 읽고 맞으면 ○, 틀리면 × 하세요.

① 모과차는 목이 아플 때 마시면 좋아요. (　　)
② 전통차 중에서 유자차가 인기가 제일 많아요. (　　)
③ 커피를 마시면 여러 가지 일을 할 수 있어요. (　　)

2. 다음 질문에 알맞은 답을 쓰세요.

① 감기와 스트레스에 무슨 차가 좋아요?
② 한국 사람들은 언제 커피를 자주 마셔요?
③ 민들레차와 국화차는 뭐가 좋아요?

3. 여러분 고향에서는 어떤 차를 마셔요?

쓰기

여러분 고향의 전통차는 뭐예요? 소개해 보세요.

한국 문화 이모저모

여행 안내는 몇 번인가요?

한국은 불이 났을 때 '119'에 전화합니다. 도둑이 들거나 도움이 필요할 때는 '112'에 전화를 합니다. 이 밖에도 위급한 상황에 사용할 수 있는 긴급 전화번호는 많이 있습니다. 편리한 한국 생활을 위해 알아 두면 더 좋겠지요?

112: 도둑을 만났거나 도움이 필요할 때
114: 전화번호를 모를 때
119: 불이 났을 때, 갑자기 너무 아플 때
131: 날씨가 궁금할 때
134: 여행 정보를 알고 싶을 때
1330: 여행 정보를 영어, 중국어, 일본어 등으로 듣고 싶을 때
1388: 청소년(19세 미만)이 고민 상담을 하고 싶을 때

다음으로 한국은 지역마다 지역번호가 있습니다. 지역번호는 031-8005-2104에서 '031'처럼 전화번호 앞에 붙어서 지역을 나타냅니다.

02: 서울특별시	031: 경기도
032: 인천광역시	033: 강원도
041: 충청남도	042: 대전광역시
043: 충청북도	044: 세종특별자치시
051: 부산광역시	052: 울산광역시
053: 대구광역시	054: 경상북도
055: 경상남도	061: 전라남도
062: 광주광역시	063: 전라북도
064: 제주특별자치도	

memo*

16 송편 만드는 법을 알아요?

■ **학습목표** : 서술 표현하기
■ **어　　휘** : 명절
■ **문　　법** : V-는지/A-(으)ㄴ지/N인지 알다/모르다 / V-는 법 / V-는 곳 / V-ㄴ/는다, A-다, N이다

스테파니: 지영 씨, 송편 만드는 법을 알아요?
최 지 영: 글쎄요, 어릴 때 만들기는 했는데 잘 기억이 안 나요.
스테파니: 그럼 송편을 파는 곳이 어디인지 알아요?
최 지 영: 네, 알아요. 떡집에 가면 살 수 있어요.

어휘와 표현

명 사	추석 Chuseok, Korean Thanksgiving Day	송편 Songpyeon, half-moon-shaped rice cake
	깨 sesame	볼링 bowling
	횡단보도 crosswalk	혹 bump
	도깨비 goblin	땅콩 peanut
	명절 national holiday	껍질 peel
	마을 village	전시회 exhibition
	앞마당 afront yard	지도 map
	기간 period	기자 journalist
	작품 artwork	떡집 rice-cake shop

동 사	낳다 to give birth	환불하다 Get a refund
	계산하다 to pay	건너다 to cross
	피하다 to avoid	나타나다 to appear
	부르다 to call (out)	기억하다 memory

표 현	곧장 straight	1박 2일 1 night 2 days
	정월 대보름 the fifteenth day of the Lunar New Year	
	부럼 깨기 break nuts	더위 팔기 sell heat
	문화제 a cultural festival	국제교육센터 International Education Center
	글로벌 라운지 Global Lounge	직접 personally, in person, directly

문법 1

V-는지 / A-(으)ㄴ지 / N인지 알다/모르다

친구가 어떤 가수를 좋아하는지 알아요.

제 방이 얼마나 깨끗한지 아세요?

부산에 가는 기차표가 얼마인지 몰라요.

V-는지 알다/모르다	
받침ㅇ+는지 알다/모르다	읽다 → 읽는지 알다/모르다
받침×+는지 알다/모르다	보다 → 보는지 알다/모르다
받침 ㄹ→×+는지 알다/모르다	살다 → 사는지 알다/모르다

A-(으)ㄴ지 알다/모르다	
받침ㅇ+은지 알다/모르다	작다 → 작은지 알다/모르다
받침×+ㄴ지 알다/모르다	크다 → 큰지 알다/모르다
받침 ㄹ→×+ㄴ지 알다/모르다	멀다 → 먼지 알다/모르다
받침 ㅂ→우+ㄴ지 알다/모르다	맵다 → 매운지 알다/모르다

A/V-았/었는지 알다/모르다	
ㅏ, ㅗㅇ+았는지 알다/모르다	좋다 → 좋았는지 알다/모르다
ㅏ, ㅗ×+었는지 알다/모르다	먹다 → 먹었는지 알다/모르다
하다+였는지→했는지 알다/모르다	청소하다 → 청소했는지 알다/모르다
ㅣ+었는지→ㅕㅆ는지 알다/모르다	마시다 → 마셨는지 알다/모르다
받침 ㄷ→ㄹ+었는지 알다/모르다	듣다 → 들었는지 알다/모르다
받침 ㅂ→우+었는지 알다/모르다	덥다 → 더웠는지 알다/모르다

N인지 알다/모르다	
받침ㅇ+인지 알다/모르다	동생 → 동생인지 알다/모르다
받침×+인지 알다/모르다	남자 → 남자인지 알다/모르다

N이었/였는지 알다/모르다	
받침ㅇ+이었는지 알다/모르다	학생 → 학생이었는지 알다/모르다
받침×+였는지 알다/모르다	친구 → 친구였는지 알다/모르다

1. 쓰세요.

만나다	만나는지 알다/모르다	만났는지 알다/모르다
찍다		
넓다		
높다		
언제		
무엇		

2. 〈보기〉와 같이 연습하세요.

보기 지금 어디에 가다/○(×), 박물관 가: 지금 어디에 가는지 아세요? 나: 네, 박물관에 가요. (아니요, 어디에 가는지 몰라요.)	가: ____________________? 나: ____________________.

① 영화가 몇 시에 시작하다/○, 3시
② 친구가 언제 도착하다/×
③ 저 사람이 누구/○, 크리스 씨
④ 이 차가 얼마/×
⑤ ?

문법 2

V-는 법

비빔밥은 먹는 법이 재미있어요.

애니 씨, 운전하는 법을 알아요?

오늘 막걸리 만드는 법을 배웠어요.

받침 ○+는 법	읽다 → 읽는 법
받침 ×+는 법	마시다 → 마시는 법
받침 ㄹ→×+는 법	살다 → 사는 법

1. 쓰세요.

명동에 가다	명동에 가는 법	사진을 찍다	
기억하다		스키를 타다	
한복을 입다		요리하다	

2. 〈보기〉와 같이 연습하세요.

보기 볼링을 잘 치다/○(×) 가: 마리오 씨, 볼링을 잘 치는 법을 알아요? 나: 네, 알아요. (아니요, 몰라요.)	가: ________________? 나: ________________.

① 명동에 빨리 가다/○
② 노래를 잘하다/×
③ 스케이트를 잘 타다/○
④ 한국말을 빨리 배우다/×
⑤ ?

문법 3

V-는 곳

택시 타는 곳이 어디예요?

여기가 영화 찍는 곳인가요?

케이크를 만드는 곳은 3층이에요.

받침 ㅇ+는 곳	먹다 → 먹는 곳
받침 ×+는 곳	주다 → 주는 곳
받침 ㄹ→×+는 곳	살다 → 사는 곳

1. 쓰세요.

빌리다	빌리는 곳	예약하다	
기다리다		환불하다	
계산하다		씻다	

2. 〈보기〉와 같이 연습하세요.

보기 나가다/이쪽으로 곧장 가다 가: 실례지만, 나가는 곳이 어디예요? 나: 이쪽으로 곧장 가세요.	가: ______________________? 나: ______________________.

① 표를 사다/왼쪽으로 돌아가다

② 선물을 받다/3층으로 내려가다

③ 환전하다/횡단보도를 건너다

④ 아이스크림을 팔다/위층으로 올라가다

⑤ ?

이야기해 보세요 1

애　니: 마리오 씨, 한국 친구들을 만날 수 있는 곳이 어디인지 알아요?

마리오: 네, 알아요. 대학로에 가면 돼요.

애　니: 그럼, 일찍 일어나는 법이 무엇인지 알아요?

마리오: 네, 알아요. 일찍 자야 해요.

애　니: 그럼 옷 잘 입는 법이 무엇인지 알아요?

마리오: 글쎄요. 잘 모르겠어요.

	마리오		
한국 친구들을 만날 수 있는 곳	대학로에 가면 돼요		
일찍 일어나는 법	일찍 자야 해요		
옷을 잘 입는 법	잘 몰라요		

문법 4

V-ㄴ/는다, A-다, N이다

나는 주말마다 등산을 한다.
수영 선생님은 아주 멋있다.
내 취미는 음악 감상이다.

V-ㅂ/습니다 V-아/어요	V-ㄴ/는다	읽습니다 배워요 알아요	읽는다 배운다 안다
A-ㅂ/습니다 A-아/어요	A-다	많습니다 비싸요 길어요	많다 비싸다 길다
N입니다 N이에요/예요	N이다	동생입니다 남자예요	동생이다 남자이다
A/V-았/었습니다 A/V-았/었어요	A/V-았/었다	좋았습니다 먹었어요 따뜻했어요	좋았다 먹었다 따뜻했다
N이었/였습니다 N이었/였어요	N이었/였다	학생이었습니다 친구였어요	학생이었다 친구였다

A/V-(으)ㄹ 것입니다 A/V-(으)ㄹ 거예요	A/V-(으)ㄹ 것이다	찾을 것입니다 바쁠 거예요	찾을 것이다 바쁠 것이다
N일 것입니다 N일 거예요	N일 것이다	친구일 것입니다 공책일 거예요	친구일 것이다 공책일 것이다
A/V-았/었을 것입니다 A/V-았/었을 거예요	A/V-았/었을 것이다	받았을 것입니다 기뻤을 거예요	받았을 것이다 기뻤을 것이다
N이었/였을 것입니다 N이었/였을 거예요	N이었/였을 것이다	바람이었을 것입니다 커피였을 거예요	바람이었을 것이다 커피였을 것이다

V-ㄴ/는가?, A-(으)ㄴ가?, N인가?

당신은 지금 어디로 가는가?

추운가? 한국의 겨울은 아직 끝나지 않았다!

마라톤 경기의 마지막에 도착한 사람은 누구인가?

V-ㅂ/습니까? V-아/어요?	V-ㄴ/는가?	짓습니까? 자요? 살아요?	짓는가? 자는가? 사는가?
A-ㅂ/습니까? A-아/어요?	A-(으)ㄴ가?	좋습니까? 싸요? 멀어요?	좋은가? 싼가? 먼가?
N입니까? N이에요/예요?	N인가?	무엇입니까? 어디예요?	무엇인가? 어디인가?
A/V-았/었습니까? A/V-았/었어요?	A/V-았/었는가?	잡았습니까? 행복했어요?	잡았는가? 행복했는가?
N이었/였습니까? N이었/였어요?	N이었/였는가?	거울이었습니까? 선배였어요?	거울이었는가? 선배였는가?
V-(으)ㄹ 것입니까? V-(으)ㄹ 거예요?	V-(으)ㄹ 것인가?	찍을 것입니까? 마실 것입니까?	찍을 것인가? 마실 것인가?

V-나?, A/V-았/었나?, N이었/였나?

김치는 무엇으로 만드나?

마리오는 크리스를 얼마나 기다렸나?

애니가 만난 사람은 누구였나?

V-ㅂ/습니까? V-아/어요?	V-나?	듣습니까? 사랑해요?	듣나? 사랑하나?

A/V-았/었습니까? A/V-았/었어요?	A/V-았/었나?	비쌌습니까? 울었어요?	비쌌나? 울었나?
N이었/였습니까? N이었/였어요?	N이었/였나?	음악이었습니까? 영화였어요?	음악이었나? 영화였나?

1. 〈보기〉와 같이 연습하세요.

보기 저는 김밥을 먹어요. → 나는 김밥을 먹는다.

① 저는 도서관에 가요. →

② 커피숍에서 커피를 마셨어요. →

③ 주말에 명동에 가려고 해요. →

④ 내일은 비가 오겠어요. →

⑤ 백화점은 물건 값이 비싸요. →

⑥ 어제는 너무 추웠어요. →

⑦ 주말에 명동에 가야 해요. →

⑧ 여기는 교실이에요. →

⑨ 동생은 작년에 중학생이었어요. →

⑩ 우리 아버지께서는 의사세요. →

⑪ 혼자 있을 때 외로워요? →

⑫ 많은 사람들이 좋아할 거예요. →

⑬ 한국으로 가는 비행기 표가 있어요? →

⑭ 지금 지나간 사람이 스테파니 씨예요? →

⑮ 순천 여행이 어땠어요? →

⑯ 제일 예쁜 꽃은 벚꽃일 거예요. →

⑰ 혼자 갔다면 심심했을 거예요. →

⑱ 매워요? 한국의 떡볶이! →

⑲ 제주 올레길! 그 길을 걸었어요? →

⑳ 방금 노래를 부른 사람이 누구였어요? →

이야기해 보세요 2

다음 그림을 보고 이야기를 만들어 보세요.

제목: 혹부리 할아버지

옛날에 할아버지가 한 명 살았다. 이 할아버지는 턱에 혹을 한 개 가지고 있었다. 어느 날 할아버지가 산에서 일을 하는데 갑자기 비가 왔다. 할아버지는 비를 피하려고 빈 집에 갔다. 집 안에는 아무도 없었다. 할아버지는 너무 무서워서 노래를 불렀는데 갑자기 도깨비들이 나타났다.

읽기

단국일보

20○○년 5월

축제의 계절 5월이 왔다.

단국대학교 국제교육센터에서는 5월 축제 기간에 전시회와 공연, 세계 음식 축제를 한다. 전시회에서는 국제교육센터 학생들의 서예와 도자기 작품을 볼 수 있다. 이 전시회는 국제관 1층에 있는 글로벌 라운지에서 아침 9시부터 오후 5시까지 한다. 그리고 태권도 공연은 수요일 오후 3시에 하는데 공연하는 곳은 국제관 앞마당이다. 금요일 점심에는 세계 음식 축제를 한다. 이날 국제관 앞마당에 가면 여러 나라의 음식 만드는 법을 직접 배울 수도 있고 먹어 볼 수도 있다. 국제관이 어디인지 모르는 사람은 www.dankook.ac.kr에서 지도를 찾아보면 된다.

김단국 기자

1. 위 글을 읽고 맞으면 ○, 틀리면 × 하세요.

① 서예와 도자기 전시회는 글로벌 라운지에서 한다. (　　)

② 수요일 아침부터 저녁까지 태권도 공연을 한다. (　　)

③ 세계 음식 축제에서 음식 만드는 법을 배울 수 있다. (　　)

2. 여러분은 이번 학기에 무엇을 했어요?

쓰기

여러분도 신문을 만들어 보세요.

한국 문화 이모저모

한국은 추석에 송편을 먹습니다.

한국의 추석은 음력 8월 15일입니다. 한국은 추석에 송편이라는 떡을 먹습니다. 송편은 가족들이 함께 모여서 만드는데 송편 안에는 깨, 콩, 팥 등을 넣습니다. 그리고 송편을 예쁘게 잘 빚으면 예쁜 딸을 낳을 수 있다고 합니다.

중국의 추석도 음력 8월 15일입니다. '중추절'이라고 하는데 보름달을 보며 제사를 지내고, 소원을 빕니다. 제사상에는 달을 닮은 수박, 월병 등을 올립니다.

일본의 추석은 양력 8월 15일이고 '오봉'이라고 합니다. 고향에 돌아가 제사를 지내며 '봉쵸우친'이라는 등불을 밝히고 차례상을 차립니다.

미국은 11월 둘째 또는 셋째 주 일요일에 '추수감사절(Thanksgiving Day)'이 있습니다. 고향으로 돌아가서 가족들과 칠면조, 옥수수 빵, 호박 파이 등을 먹습니다.

러시아는 11월 8일이 되기 전 토요일에 '성 드미트리 토요일'이 있습니다. 친척들과 함께 햇과일과 햇곡식으로 음식을 만들어 먹고 성묘를 갑니다. 성묘를 갈 때 햇곡식으로 만든 보드카를 가져가서 조상님들께 드립니다. 그리고 성묘하러 온 여러 사람들과 음식을 나누어 먹습니다.

듣기 대본

09

리　에: 마리오 씨, 안색이 안 좋아 보이는데 어디 아파요?
마리오: 내일 크리스 씨하고 등산을 가는데 비가 올 것 같아서 그래요.
리　에: 마리오 씨는 등산을 좋아하는데 속상하겠네요!
마리오: 네, 정말 속상해요.
리　에: 내일 비가 오면 저랑 크리스 씨랑 영화를 보러 갈까요?
마리오: 그럴까요?
리　에: 그리고 영화를 본 뒤에 막걸리하고 파전도 먹으러 갑시다.
마리오: 좋아요. 파전을 먹은 뒤에 커피도 마시러 갑시다.
리　에: 좋아요.
마리오: 리에 씨, 고마워요. 리에 씨랑 이야기를 하니까 기분이 좋아졌어요.
리　에: 그래요? 정말 다행이네요!

10

크리스: 어서 오세요, 최지영 씨.
최지영: 안녕하세요? 크리스 씨. 이사를 축하해요.
크리스: 그런데 집이 좀 좁지요?
최지영: 아니에요. 혼자 사니까 괜찮은 것 같아요.
크리스: 더 넓은 집도 있었는데 버스정류장이 멀어서 불편할 것 같았어요.
최지영: 맞아요. 이 집은 버스 정류장이 가까워서 좋네요!
그리고 창문이 커서 집이 밝군요! 저도 이런 집에 살면 좋겠어요.
크리스: 그리고 부엌도 넓어서 요리하기가 편해요.
최지영: 크리스 씨는 요리하는 것을 좋아하지요?
크리스: 네. 부엌은 저한테 침실보다 중요해요.
최지영: 오늘은 크리스 씨의 요리를 한번 먹어 볼까요?
크리스: 우리 집에 처음으로 손님이 와서 특별한 음식을 준비했어요.
최지영: 뭐예요? 냄새가 좋은 것 같아요.
크리스: 이쪽으로 오세요.

11

최지영: 크리스 씨, 어디에 가요?
크리스: 지금 병원에 가려고 해요.
최지영: 왜요? 어디가 아파요?
크리스: 어젯밤에 새우를 먹었는데 먹고 나서 목이랑 팔이 빨개졌어요.

최지영: 아이고, 알레르기네요!
크리스: 이럴 때 내과에 가면 되지요?
최지영: 아니요, 피부가 빨개졌으니까 피부과에 가야 돼요.
크리스: 그렇군요! 그럼 소화가 안 돼서 배가 아플 때 피부과에 가도 돼요?
최지영: 아니에요. 소화가 안 돼서 배가 아플 때 피부과에 가면 안 돼요.
그럴 때에는 내과에 가야 돼요.
크리스: 감기에 걸렸을 때도 내과에 가면 돼요?
최지영: 감기에 걸렸을 때 내과에 가도 되지만 이비인후과에 가면 더 좋아요.
크리스: 이가 아플 때는 치과에 가면 되나요?
최지영: 네, 맞아요. 이가 아플 때는 치과에 가면 돼요.
크리스: 최지영 씨, 고마워요.
최지영: 뭘요.

12

마리오: 리에 씨, 오늘은 우리가 만난 지 1년이 되는 날이에요.
리 에: 시간이 참 빠르네요!
마리오: 우리 앞으로도 예쁜 사랑을 만들기로 해요.
리 에: 좋아요. 그럼 우리 서로에게 약속할까요?
마리오: 음 …. 하루에 한 번 전화하기로 해요.
리 에: 마리오 씨, 요즘 제가 전화 안 해서 속상했나 봐요? 미안해요.
오늘부터 매일 전화할게요.
마리오: 좋아요. 리에 씨도 말해 보세요.
리 에: 아프면 같이 병원에 가기로 해요.
마리오: 리에 씨, 지난주에 혼자 병원에 가서 무서웠나 봐요? 미안해요.
다음부터는 같이 갈게요.
리 에: 좋아요.
마리오: 음, 그리고 다른 남자는 만나지 않기로 해요.
리 에: 마리오 씨, 다른 남자를 만나지 않는 것은 좀 어려운 것 같아요.
마리오: 왜요? 그게 제일 중요한데......
리 에: 같이 공부하는 친구들도 남자가 있는데 어떻게 해요?
마리오: 그렇군요! 그럼 다른 남자는 좋아하지 않기로 약속해요.
리 에: 네, 알겠어요.
마리오: 리에 씨랑 영화도 보고 커피도 마시고 데이트를 하고 싶어서 그래요.
리 에: 저도 그래요. 오늘부터는 자주 전화하고 데이트할 시간을 만들게요.
마리오: 고마워요. 사랑해요.

13

스테파니: 애니야, 오랜만에 쇼핑하니까 정말 좋다!
애 니: 응, 맞아. 나도 정말 좋아.

스테파니: 어머! 저 분홍색 치마 좀 봐. 정말 예쁘지?
애　　니: 응, 정말 예쁘다! 스테파니야, 입어 봐.
스테파니: 어때? 나한테 잘 어울리는 것 같아?
애　　니: 응, 정말 잘 어울린다!
스테파니: 그래? 좋아. 사자! 아주머니, 이 치마 얼마예요?
아주머니: 그 치마는 20,000원이에요.
스테파니: 여기 있어요. 감사합니다. 안녕히 계세요.
아주머니: 네, 감사합니다. 안녕히 가세요. 또 오세요.
애　　니: 정말 싸다! 잘 샀다!
스테파니: 그렇지?

14

스테파니: 마리오 씨, 만약에 지구가 없어진다면 우리는 어떻게 해야 할까요?
마 리 오: 네? 지구가 없어져요?
스테파니: 요즘 비도 너무 많이 오고 지진도 많이 나서 그래요.
마 리 오: 맞아요! 여름에는 너무 덥고 겨울에는 너무 추워요. 정말 지구가 아픈가 봐요.
스테파니: 옛날에는 안 그랬는데...... 모두 사람들 때문인 것 같아요.
마 리 오: 그럼 지구가 아프지 않게 우리가 만듭시다.
스테파니: 우리가요?
마 리 오: 우리가 할 수 있는 일이 무엇이 있는지 찾아볼까요?
스테파니: 좋아요.
마 리 오: 저는 앞으로 음식을 다 먹겠어요. 음식 쓰레기가 많아지면 지구가 쓰레기장이 될 거예요.
스테파니: 저는 물을 아껴 쓰겠어요. 만약에 물이 없어진다면 지구가 더 아플 거예요.
마 리 오: 그거 좋은 생각이에요. 그럼 우리의 생각을 다른 친구들에게도 알려 줍시다.
스테파니: 좋아요.

15

리 우 팅: 스테파니 씨, 오늘 저녁에 외국인 유학생 모임이 있어요.
스테파니: 네, 알아요. 그런데 별로 가고 싶지 않아요.
리 우 팅: 왜요? 재미있지 않아요?
스테파니: 네, 재미있어요. 하지만 숙제가 많아서 못 가요.
리 우 팅: 저도 그래요. 모임이 끝나고 같이 숙제를 할까요?
스테파니: 알겠어요. 그런데 리우팅 씨, 진짜 고민이 있어요.
리 우 팅: 고민요? 뭐예요? 제가 도와 드릴게요.
스테파니: 며칠 전에 도서관에서 공부하는데 편지를 받았어요.
우리 학교 선배인데 저를 좋아하는 것 같아요.
리 우 팅: 우아~~스테파니 씨, 편지를 받았어요? 축하해요!
스테파니: 아니에요. 리우팅 씨, 저는 고민이에요.

리 우 팅: 그래요? 선배가 스테파니 씨를 좋아하는데 왜 고민이에요?
스테파니: 저는 고향에 남자 친구가 있어요.
리 우 팅: 정말요? 몰랐어요.
스테파니: 네, 남자 친구를 사귄 지 3년이 되었어요.
리 우 팅: 그런데 모임에 가면 선배를 만나게 되니까 고민이군요!

16

생각이 많다. 일이 많다. 다른 곳으로 떠나고 싶다. 행복해지는 법을 알고 싶다.
여러분의 이야기입니까?
'행복한 마을'로 오세요. 1박 2일의 여행으로 마음을 청소해 드립니다.
전화번호 8005-1078

리 에: 크리스 씨, 지금 이 광고 봤어요?
크리스: 네, 봤어요.
리 에: 여기는 뭐 하는 곳이에요?
크리스: 아, 여기에 가면 밥도 먹고 잠도 자면서 이틀 동안 편하게 쉴 수 있어요.
리 에: 그렇군요! 그럼 쉬면서 행복해지는 법을 배우는 거네요.
크리스: 맞아요. 쉬면서 마음을 청소한다!
리 에: 저도 거기에 가 보고 싶은데 어떻게 가는지 알아요?
크리스: 네, 알아요. 저도 작년에 다녀 왔어요. 올해도 가려고 하는데 같이 갈래요?
리 에: 정말요? 좋아요. 같이 가요.

찾아보기

ㄷ

ㅁ

ㅂ

ㅅ

ㅇ

ㅈ

지은이 소개*

| 감 수 |

한 정 한

단국대학교 국어국문학과 부교수, 뉴욕주립대학(버팔로) 언어학 박사
〈저서〉 쉽게 읽는 한국어학의 이해, 국어사전학 개론 외 다수

| 필 자 |

유 소 영

단국대학교 국제교육센터(DUGEC) 초빙교수, 단국대학교 한국어교육 박사
〈저서〉 안녕하세요 한국어 1, 2, 3권(4개국어 판), 한국어로 말해요(11개국어 판) 외 다수

고 유 리

DUGEC 강사, 단국대학교 한국어교육 박사과정 수료

이 연 주

DUGEC 강사, 단국대학교 한국어교육 박사

유 선 주

DUGEC 강사, 단국대학교 한국어교육 박사과정 수료

서 민 정

DUGEC 강사, 단국대학교 한국어교육 박사과정 수료

memo*

memo*